KB219361

편안한 말씀식당

지치고 기도마저 막힌 당신을 말씀의 길로 안내하는

편안한
말씀식당

장일석

말씀
식당

규장

〈편안한 말씀식당〉에 잘 오셨습니다!

점심이 되어 식당을 찾는데 혼자 밥을 먹을 곳이 없다. 물론 가격이 좀 나가는 곳은 있지만, 편안하게 앉아 저렴한 가격으로 한 끼를 해결할 식당을 찾기란 좀처럼 쉽지 않다.

문득 유튜브에서 겪는 느낌과 비슷하다는 생각이 들었다. 다양한 기독교 영상과 설교 말씀이 인터넷에 있다. 그러나 그중엔 부담되는 것들이 적지 않다. 아마 내가 부족해서 그럴 거다.

매운 음식을 잘 못 먹는데 말씀도 그런 것 같다. 말씀이 너무 맵다. 이것저것 따지다 보니 오래전에 길 가다 들렀던 평범한 식당이 그립다.

혹시 인터넷에서 말씀을 찾는 사람들의 마음이 이렇지 않을까? 편안하게 들러 부담 없이 들을 수 있는 말씀식당. 그래서 이름을 '편안한 말씀식당'으로 하고 유튜브를 시작했다.

어려움이 적지 않았다. 몇 달간 영상 촬영과 편집 방법을 열심

히 독학했는데, 첫 영상을 만드는 데 3주가 걸렸다. 아내가 이름도 촌스럽다고 했다. 이왕이면 레스토랑이나 카페로 하지 식당이 뭐냐고. 그런데 계속 들으니 그렇게 나쁘지 않다고 한다.

부족한 자가 연약한 자에게 전하는 하나님의 은혜

사람들이 왜 〈편안한 말씀식당〉 영상을 보는지 사실 지금도 잘 모른다. 그런데 분명히 하나님이 영상을 쓰시는 것 같다는 생각이 든다. 잘 만들어서 그런 게 아니라 부족한 사람을 통해 하나님의 사랑과 은혜를 말씀하시는 것이다.

교회에서 30분을 가면 연풍리라는 곳이 나온다. 그곳에 교회가 운영하는 작은 선교센터가 있는데 부근에 곧 없어질 오래된 집창촌도 있다.

언젠가 오후에 그곳 자매 두 사람이 강아지를 데리고 선교센터 앞을 지나가길래 "강아지 참 예쁘네요"라고 인사했더니 한 자매가 "똥개예요"라고 했다. 내가 "똥개 아니에요. 예뻐요" 했지만 그 자매는 "아니, 똥개예요"라며 계면쩍어하면서 갔다.

자신들을 말하는 것 같아서 마음이 아팠다. 자신을 똥개라고 생각하는 참 예쁜 자매들. 그 자매들을 생각하며 영상을 만들었다. 그들이 들어야 하는 말씀을 담으려 했다.

마음이 상한 당신을 일으키는 책이 되길

영상을 만들 때 가장 힘든 것이 자막을 올리는 것이다. 눈이 빠질 것 같아서 그만하려고 했는데 청각 장애가 있는 분이 자막을 만들어주셔서 감사하다고 댓글을 올리셨다. 한 번은 시각 장애가 있는 분이 전화로 감사를 전하셨다. 내가 아니라 하나님이 받으실 감사였다.

하나님이 영상을 그렇게 쓰셨다. 그래서 감사하다. 이 책이 그렇게 쓰이기를 간절히 기도한다. 나는 신학적 지식도 부족하고 글을 읽고 쓰는 문해력도 없다. 그래서 독자들이 책에 나오는 '하나님'만 보셨으면 한다.

하나님께서 분명히 이 책을 만나게 하신 이유를 알게 하실 것이다. 그분이 당신을 사랑하시고 다시 일어설 수 있도록 힘과 은혜를 주실 것이다. 이 책은 마음이 상하고, 포로 되고, 갇힌 사람들을 위한 책이다.

하나님께 감사드린다.

아내에게 감사하고, 디자인교회 성도들도 감사하다. 구독자들에게도 감사드린다.

처음 규장을 방문했을 때 가장 인상 깊었던 것은 맨 위층에 있는 기도실이다. 오래된 교회의 기도실 같았다. 대표님과 직원들이 기도하는 곳이라고 했다. 이런 곳에서 책을 내게 되어 정말 감사하다. 모든 것을 지원해주신 규장의 여진구 대표님에게 감사하며, 많은 도움을 주신 편집팀장님과 수고해주신 디자이너들에게도 감사드린다.

파주 디자인교회에서

장일석 목사

프롤로그

Part 1

믿음과 인도하심의 은혜

어떻게 믿음을 얻을 수 있나요?

믿음이 생기는 방법 3가지

믿음이 없다가 믿음이 생기면 삶에 큰 변화가 일어난다. 세상을 바라보는 눈이 밝아지며, 긍정적인 생각으로 말과 태도가 좋아진다. 마음의 흔들림이 줄어들고 어려운 일을 견딜 수 있게 된다.

믿음이 생기면 신앙생활에도 유익하다. 성경 말씀이 내 안으로 깊이 들어와서 감동을 주고 은혜를 끼친다. 하나님이 일하시는 것을 확실하게 보게 되고, 믿어지니까 예배를 잘 드리게 되며 성경도 어렵지 않게 읽게 된다. 또 평안과 힘을 얻게 된다. 고난을 이길 힘이 믿음에서 온다.

이렇게 좋은 믿음을 어떻게 하면 얻을 수 있을까? 성경에서 말씀하시는 바, 그리고 많은 분이 믿음을 얻게 된 경험과 내가 실제로 경험한 것 중에서 유익했던 것 3가지를 나누고자 한다.

하나님께 맡기고 그분의 일하심에 주목하라

성도들의 가정을 심방하기 전에는 늘 그 대상 가정을 놓고 "하나님, 이 가정에 제가 가서 어떤 말씀을 나눠야 합니까?"라고 기도하며 말씀을 준비한다.

한번은 내일 만날 가정에 대해서 '맡기라'라는 말씀을 마음에 받았고, 그 맡기라는 말씀을 구체적으로 찾아볼 때 "네 길을 여호와께 맡기라 그를 의지하면 그가 이루시고"(시 37:5)라는 말씀으로 인도받았다.

이렇게 하나님의 은혜 가운데 말씀을 정한 후에 할 일이 한 가지 더 있다. 심방 가서 이 말씀을 증거할 때 하나님께서 어떻게 일하실지 그 역사하시는 부분에 주목하는 것이다.

가서 예배를 드리는데 남편 집사님이 자신의 삶을 얘기하며 눈물을 흘리셨다. 담대하고, 쉽게 눈물을 보일 분이 아니었다. 하나님이 마음에 감동을 주지 않으시면 그럴 수 없는 일이라서 하나님이 일하셨다는 것을 알 수 있었다. 아내 집사님이 심방을 받기 위해서 기도를 많이 하셨다기에 '아, 하나님이 이 가정에 이렇게 일하시는구나!' 하며 더욱 믿음이 생겨서, 받은 그 말씀이 맞는다는 것을 확신하고 이렇게 말씀드렸다.

"집사님, 하나님이 맡기라고 하십니다. 그런데 맡길 때 주의할게 있는데, 내가 어떤 조건을 내걸지 말고 '주님, 저희를 인도해주세요. 주님이 어떤 것을 하시든 저희가 그것을 따르겠습니다' 이렇게 맡기셔야 합니다. 그러면 하나님이 일하시고, 마음의 소원을 이루어주신다고 성경으로 말씀해주십니다."

이 부분이 중요하다. 하나님의 일하심을 보려면 그분이 일하실 수 있도록 맡겨드려야 한다. 물건을 맡기듯 내 인생의 문제를 기도로 말씀드리며 맡기는데, 맡길 때 주의사항은 조건을 걸지 않는 것이다.

만일 내가 "하나님, 이렇게 해주셔야 합니다" 하고 어떤 조건이나 제한사항을 두면 하나님이 '이렇게'만 해주셔야 하니까 이 부분 외의 것들은 보이지 않게 된다. 어쩌면 내가 제한한 나머지 부분이 하나님이 일하실 공간이 될 수도 있는데 내가 막아버리면 하나님이 실제로 일하셔도 못 보게 된다. 그러니 어떤 것도 조건을 걸지 않도록 주의해야 한다.

"하나님께서 어떻게 인도하시든, 어떤 결론을 주시든 제가 주님의 뜻을 따르겠습니다. 그래서 하나님께 맡깁니다"라는 기도는 그분의 인도하심을 받겠다는, 하나님 앞에서의 고백이다. 이렇게 했을 때 하나님이 분명히 일하신다. 하나님은 좋은 분이시니 다 열어놓고 맡겨라.

하나님께 온전히 맡기는 것과 함께 중요한 것은 받은 말씀을 가지고, 또 기도에서는 내가 기도한 것을 가지고 하나님이 어떻게 일하시는지 주목하여 지켜보는 것이다.

하나님이 일하시는 것을 보고 싶어서일까? 아니다. 하나님이 일하시는 것을 볼 수밖에 없기 때문이다. 그 일하신 것을 보면 '하나님이 하셨구나. 하나님이 일하셨구나!' 하면서 진짜 믿음이 생긴다.

그러니 믿음을 얻기 위해서는 지금 내가 당면한 문제들을 기도로 다 말씀드리자. 제한사항을 두지 말고 다 열어놓고 말씀드리고, 하나님이 일하시는 것을 기대하며 주목하자.

말씀이 들릴 때 믿음이 생긴다

세계에서 가장 전도하기 힘든 종교가 이슬람교라고 한다. 개종하기가 너무 어렵기 때문이다. 그런데 그 이슬람보다 더 힘든 종교가 유대교라 한다. 유대인들이 개종하기가 너무 힘들다고 한다. 그런데 사도 바울이 유대인이었다. 그것도 유대인 중의 유대인이었다.

바울에게 믿음이 생겼기 때문에 그의 인생이 변화된 것인데 유대인인 바울이 그리스도인이 됐을 때 "이렇게 했으니 내가 믿음을 얻었습니다. 이게 믿음 얻는 방법입니다"라고 성령의 감동을 통해서 말한 성경 구절이 있다.

그러므로 믿음은 들음에서 나며 들음은 그리스도의 말씀으로 말미암았느니라 롬 10:17

로마서는 사도 바울이 성령의 감동을 따라서 기록한 성경이고 사도 바울은 다메섹 도상에서 예수님을 만나 인생이 180도 바뀐 사람이다.

바울에게 "어떻게 믿음을 얻었습니까?"라고 묻는다면 사람들은 대부분 "다메섹 도상에서 예수님을 만난 체험이 믿음을 얻게 했습니다"라는 답변을 예상할 것이다. 그러나 그는 "믿음은 들음에서 나고 들음은 그리스도의 말씀으로 말미암는다"라고 말했다.

믿음이 체험 아닌 말씀으로 말미암는다는 그의 말은 우리에게 희망을 준다. 체험은 하고 싶다고 할 수 있는 게 아니지만, 말씀을 읽는 것은 마음만 먹으면 아무 때나 할 수 있다. 마음만 먹으면 누구나 믿음을 얻을 수 있다는 말이다.

이 책에서도 교회에서도 나는 하나님 말씀을 입으로 읊조리는 것을 강조하고 많이 말씀드린다. 말씀을 읽고 생각하는 것도 너무 귀한데 말씀을 읽고 생각하는 것과 함께 말씀을 읊조리면서 내 귀에 들리게 하는 것도 정말 중요하다. 말씀을 내가 들어야 한다. 암송하는 것이 아니라 그냥 읽고 읊조리는 것이다. 그러다 보면 물론 저절로 암송된다.

우리가 말씀을 잘 듣는 것 같지만 제대로 안 듣고 흘려들을 수 있다. 그런데 내가 말씀을 읊조릴 때 그 읊조리는 말씀이 어느 순간 내 귀에 들리고, 그 들은 것이 내 마음에 새겨지면서 마음에 새겨진 말이 또 내게 얘기한다. 그때 믿음이 생긴다. 그러므로 한 번 읊조리고 말하는 게 아니라 계속 반복해서 하나님 말씀을 읊조리는 것이 필요하다.

사실 이것이 구약 사람들의 성경 묵상 방법이었다. 시편 1편 2절 "주야로 묵상하는도다"에서 '묵상'의 히브리어 원어인 '하가'(Hagah)에는 '신음하다, 으르렁거리다, 입 밖에 내어 말하다'라는 뜻이 있다. 계속 반복해서 읽는 것과 읊조리는 것은 하나님 말씀이 내게 들리게 하는 아주 좋은 방법이다.

밥을 입으로 먹듯이 말씀을 입으로 먹자. 밥을 잘 먹으면 육체가 건강해지듯 말씀을 입으로 읊조려서 먹으면 영의 양식이 되어 영이 강건해진다. 틀림없다. 그렇게 하나님이 창조하셨다. 한 달, 두 달, 석 달, 넉 달… 말씀을 계속 읊조려 보라. 한 말씀 두 말씀 갖고 계속 반복해서 읊조리면 들리게 된다.

말씀을 읊조렸더니

우리 교회는 전 교인이 매주 한 구절씩 하나님 말씀을 읊조린다. "너희는 위로하라 내 백성을 위로하라"(사 40:1)라는 말씀을 읊조릴 때는 하나님이 위로해주신다는 마음이 생기니까 나부터 힘과 위로를 얻었다. 이렇게 말씀이 들릴 때 믿음이 생긴다.

아모스서 8장 11절 말씀을 읊조릴 때였다. 여느 때처럼 그 말씀을 500번, 1,000번 읊조리는데 그 가운데에서 점점 마음에 다가오는 구절이 있었다.

"여호와의 말씀을 듣지 못한 기갈이라."

이 말씀이 귀로 들리고 마음에 들려지면서, 성도들을 바라볼 때 힘든 분들에게 하나님 말씀을 듣지 못한 기갈이 있다는 것이 깨달아졌다. 그런데 그 주 어느 새벽에 말씀을 전할 때 성령님이 마음의 감동을 주셨다.

'내가 너희의 본심을 안다.'

성경은 "주께서 인생으로 고생하게 하시며 근심하게 하심은 본심이 아니시로다"(애 3:33)라고 말씀한다. 그러면 진심은 무엇인가. '내가 너를 돕고 사랑하고 돌봐주기를 원한다'라는 것인데, 나는 이런 뜻으로 마음에 감동을 받았다.

'이 가운데 물질의 고통을 받는 사람이 있다. 그가 돈을 추구하고 돈, 돈 하는 것이 그의 본심이 아니다. 그는 원래 하나님을 경외하고 하나님을 찬양하는 자였다. 하지만 환경이 너무 힘들다 보니까 지금 돈, 돈 하는 것이다. 내가 그의 본심을 안다.'

만약 하나님이 주시는 이런 감동을 그 사람이 받았다면 '하나님이 나를 돌보시는구나. 하나님이 나를 사랑하시는구나!' 하고 마음이 새로워지면서 믿음이 들어오지 않겠는가?

지금 이 글을 읽는 분 중에 분명히 이 말씀을 들어야 할 분이 있을 것이다. 지금은 화내고 짜증 내면서 돈, 돈 할 수 있다. 그러면서 옆 사람에게도 뭐라 하고, 자기 스스로도 '내가 정말 우상숭배하는 사람이 아닌가? 하나님과 물질을 겸하여 섬길 수 없는데 내가 이렇게 돈, 돈 하나. 주일예배도 안 드리고…' 하면서 자책한다.

그런데 하나님이 말씀하신다. 본심이 아니라고. '너의 본심은 그게 아니다. 너는 나를 사랑하는 자였다. 하지만 환경과 상황이

너무 어려워져서 네가 그렇게 된 것이다. 내가 그 마음을 안다'
라고. 그날 설교할 때 그 말씀을 하셔서 내가 감동이 되어 설교
하다 말고 막 눈물을 흘릴 뻔했다.

오늘부터 말씀을 계속해서 입으로 읊조리고, 그러면서 귀로
들어보라. 그 말씀이 세미하게라도 들리기 시작할 것이다. 말씀
은 운동력(히 4:12의 '활력'이 개역한글에서는 '운동력'으로 번역되었
다)이 있고 관절과 골수를 찔러 쪼개기까지 한다. 그 운동력으
로, 내 안에 들리는 말씀이 나에게 말할 때까지 읊조리려. 그때
믿음을 얻게 된다.

성령님이 임재하시면 믿음이 생긴다

성령님이 임재하시면 당연히, 틀림없이 믿음이 생긴다. 같은
제자들이지만 복음서와 사도행전에서 그들의 믿음은 완전히 다
르다.

복음서 중 특별히 마가복음은 무능하고 믿음 없는 제자들을
많이 이야기한다. 베드로가 요한복음 21장에서 예수님에게 사
랑을 고백하기는 하지만 특별히 믿음이 굳건하고 강건한 모습은
보이지 않는다. 그런데 사도행전 3장에서 그는 완전히 다르다.

베드로가 이르되 은과 금은 내게 없거니와 내게 있는 것으로 네게
주노니 곧 나사렛 예수 그리스도의 이름으로 일어나 걸으라 하고
행 3:6

자기에게 은과 금은 없지만 예수 그리스도, 그 이름의 능력을
믿는 믿음이 있다고 말한다. 사도행전 2장에서 120문도가 성령
의 충만을 받을 때 집단적으로 그들에게 믿음이 생겨서 방언을
말하고 하나님나라의 거룩함과 위대함을 이야기했다. 성령님이
임하실 때 믿음이 생긴다.

그러면 성령님이 임재하시도록 어떻게 그 은혜를 간구할까?
누가복음 11장에는 주님의 기도와 함께 기도에 관한 가르침이
나온다.

내가 또 너희에게 이르노니 구하라 그러면 너희에게 주실 것이요
찾으라 그러면 찾아낼 것이요 문을 두드리라 그러면 너희에게 열
릴 것이니 구하는 이마다 받을 것이요 찾는 이는 찾아낼 것이요
두드리는 이에게는 열릴 것이니라 … 너희가 악할지라도 좋은 것
을 자식에게 줄 줄 알거든 하물며 너희 하늘 아버지께서 구하는
자에게 성령을 주시지 않겠느냐 하시니라 눅 11:9,10,13

그렇다. 구하는 자에게 성령을 주신다. 잠시 나지막이 소리 내어 여러 번 읊조려 보라.

"구하는 자에게 성령을 주시지 않겠느냐"

성령을 구하면 주신다고 하신다. 그리고 앞에 기도가 많이 나오는데 우리가 물질을 구하고 건강을 구할 때 주님은 그 물질이나 건강보다도, 정말 주님이 우리에게 주기 원하시는 '성령님'을 보내신다는 것이다. 성령님이 오시면 문제를 다 풀어낼 수 있는 은혜를 주시기 때문이다. 그래서 성령님을 구하는 것이 너무나 중요하다.

성령의 임재를 구하는 보혈 기도

성령님을 구할 때, 성령의 충만함을 우리 가운데 임재로 얻을 때 내가 하는 것 한 가지를 알려드리려 한다. 새벽 예배를 드리러 갈 때 나는 집에서 교회까지 걸어가는 10-15분 동안 예수님의 보혈로 나를 씻는다고 선포한다.

"예수님의 보혈로 제 머리를 씻습니다.

예수님의 보혈로 제 가슴을 씻습니다.

예수님의 보혈로 제 생각을 씻습니다.

예수님의 보혈로 제 감정을 씻습니다.

예수님의 보혈로 제 마음을 씻습니다…

예수님의 보혈은 정결케 하는 능력이 있습니다.

예수님의 보혈은 저를 깨끗하게 능력이 있습니다.

예수님의 보혈은 악한 영을 쫓아내는 능력이 있습니다…"

이렇게 내 머리부터 마음과 생각, 감정을 씻어내는 선포를 한 후 성령님의 임재를 마음속으로 소망하면서 온다.

'성령님, 지금 임재해 주옵소서.

성령님, 제 마음을 다스려주옵소서.

성령님, 지금 역사해주옵소서.'

조용한 시간에 진정성을 갖고 성령님을 요청하면 마음에 은혜를 주신다. 함께 모여 "주여!" 외치며 기도할 때도 있지만, 혼자 있을 때 "성령님, 저를 다스려주세요. 성령님, 저에게 충만히 역사해주세요. 저와 함께해주세요" 하며 진정으로 성령님을 소망하면 임재해 주신다.

지금은 성령님이 우리를 인도하시는 시대이므로 그분에 대한 자각이 있어야 한다. 성령님은 하나님이시고, 우리를 다스리신다. 예수의 영이신 그분이 우리 가운데 오시면 예수님이 느껴진다. 예수님의 마음이 느껴지고 말씀이 이해된다.

성령님이 우리 가운데서 가장 중요하게 말씀하시는 것이 예수님의 십자가다. 그래서 십자가가 머리로는 이해가 안 된다. 설령 열심히 분석해서 이해했다 하더라도 머리로 믿는 것과 가슴으로 믿는 것은 다르다.

성령님이 오시면 예수님의 십자가가 믿어지기 시작한다. 예수님이 날 위해 죽으시고 내 모든 죄를 대속해주신 것, 내가 예수님을 통해서 죄 사함을 받고 영원한 생명을 얻은 것, 그래서 하나님의 자녀요 천국 시민이 된 것이 믿어진다.

성령님이 임재하셔야 우리가 정말 예수님을 알 수 있다. 그래서 예수님의 십자가가 믿어지면 빨리 감사해야 한다. 성령님이 내 안에서 역사하신 것이기 때문이다. 성령님이 우리 가운데 역사하시면 구원의 가장 큰 증거가 된다.

성령님은 요청하는 자에게 오시니 진정성을 갖고 그분을 초청하라. 아침에 일어나자마자 "성령님, 제 안에 와주세요. 제 안에 역사해주세요. 저를 다스려주세요", 잠자리에 들기 전에 "성령님, 오늘 하루 감사합니다. 저를 다스려주세요. 제 안에 충만히 역사해주세요"라며 진정성을 갖고 성령님을 초청하라. 틀림없이 오신다.

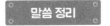
어떻게 믿음을 얻을 수 있을까

1. 하나님이 일하시는 것을 보면 믿음을 얻게 된다. 기도로 하나님께 맡기되, 맡길 때 제한을 두지 말라. 기도 후에는 하나님의 일하심을 세밀하게 잘 보라. 육안이 아니라 영적인 눈으로 보는 것이다. 살아 역사하시는 하나님의 일하심을 보면 믿음이 생긴다.

2. 말씀을 들을 때 믿음이 생긴다. 말씀을 한 구절 한 구절, 수없이 읊조려 그 말이 귀로, 마음으로 들리게 하라.

3. 성령님이 역사하시면 반드시 믿음이 생긴다. 문제는 내가 성령님을 요청해야 한다는 것이다. 진정성을 갖고 진실하게 그분을 찾으면 "구하는 자에게 성령을 주시지 않겠느냐"라는 약속의 말씀을 따라서 오신다.

보이지 않는 문제를 어떻게 맡기나요?

하나님께 맡기고 염려를 해결하기

큰 어려움을 겪으면서 이 일로 두 가지 은혜를 받은 적이 있다. 하나님께 맡기게 되고, 하나님의 인도하심을 받게 된 것이다. 하나님께 맡길 수 있었던 그 자체가 은혜였다.

앞 장에서 믿음이 생기기 위해서는 하나님의 일하심을 봐야 하고, 그러려면 내 문제를 하나님께 맡겨야 한다고 했다. 하나님께 맡기는 것이 그리 어렵진 않은데 못하는 경우가 많다. 어떻게 맡겨야 하는지 몰라서 어려워하기도 하고, 맡긴 후에는 뭘 어떻게 해야 할지 몰라 올바르게 반응하지 못하기도 한다.

먼저 할 일은 하나님께 맡기는 것이지만, 실은 맡긴 후가 더 중요하다. 이 장에서는 하나님께 실제로 어떻게 맡기는지, 또 맡긴 이후에 나는 무엇을 어떻게 해야 하는지를 이야기해보려 한다. 하나님께 맡긴 후에 내게 믿음이 생긴다.

기도로 맡겨라

누군가에게 물건을 맡길 때 어떻게 하는가? 그것을 건네며 "맡아주세요"라고 한다. 문제도 그렇게 맡기면 된다. 문제를 하나님께 기도로 자세하게 말씀드리는 것이다.

그런데 "아무것도 염려하지 말고 다만 모든 일에 기도와 간구로, 너희 구할 것을 감사함으로 하나님께 아뢰라"(빌 4:6)라는 말씀에서 보았듯이, 문제가 생겨 기도해야 할 때 가장 먼저 들어오는 게 불안, 염려다. '이거 어떻게 하지. 어쩌면 좋을까?' 걱정하며 계속 발만 동동 구르다 기도까지 연결이 안 되는 것이 문제다.

너희 염려를 다 주께 맡기라 이는 그가 너희를 돌보심이라 근신하라 깨어라 너희 대적 마귀가 우는 사자같이 두루 다니며 삼킬 자를 찾나니 벧전 5:7,8

성경은 염려를 맡기라고 권고하면서 하나님이 돌보신다고 약속한다. 곧이어 다음 구절에서 염려에 대한 영적 지식을 준다. 마귀가 사자처럼 울며 두루 다니면서 삼킬 자를 찾는다고 한다. 그런데 앞에서 무엇을 이야기하는가? 염려다. 그러면 마귀가 삼키려고 찾는 자는 염려하는 사람이라는 것을 어렵지 않게 유추

할 수 있다. 염려는 마귀가 삼킬 수 있는 안 좋은 상태인 것을 알아야 한다.

그런데 염려하지 말아야 한다는 설교를 듣고도 우리는 염려한다. 하나님께 맡길 때 가장 먼저 만나는 난관은 염려와 걱정이 확 밀려올 때 어떻게 기도로 연결시키냐는 것이다.

염려가 발생하면 나는 운전할 때 차 안에서 "하나님, 어떻게 하면 좋습니까?!" 하고 소리도 지르고, 찬양도 부른다. 그러다 보면 "하나님, 도와주세요. 인도해주세요", "하나님, 불쌍히 여겨주세요", "살려주세요" 이렇게 기도가 나오는 순간이 있는데 그때를 놓치지 말고 내 상황을 하나님께 정확하게 말씀드려야 한다. 물론 하나님은 다 아시겠지만 그래도 내 입술로 상황을 말씀드려야 한다.

나는 내가 처한 상황을 천천히 하나님께 말씀드리는 동안 정리가 되는 경험을 했다. 이것은 매우 중요하다. 어떤 어려움이 왔든지, 현재의 내 상황을 기도로 하나도 빠짐없이, 천천히, 그리고 내가 표현할 수 있는 대로 정확히 하나님께 말씀드리자.

일단 이렇게 기도로 연결이 되면 하나님이 은혜를 주시는 흐름을 탄 것이니 잘한 것이다. 이 부분을 익숙하게 해야 한다.

조건과 제한을 달지 말고 온전히 맡겨라

혹시 이렇게 기도하지는 않는가? "하나님, 이번에 이 문제만 해결해주시면 제가 헌신할게요", "이번만 도와주시면 정말 다음부터는 그렇게 하지 않을게요" 등 주님과 협상이나 거래를 하듯 이거 하겠다, 저거 하겠다 하는 기도.

나 역시 그런 기도를 할 때가 있었다. 그런데 이번에 큰 어려움을 당했을 때는 그런 기도가 나오지 않았다. 대신 이렇게 기도하도록 하나님이 은혜를 주셨다.

"하나님, 지금 이런 상황입니다. 저는 어떻게 해야 할지 모르겠습니다. 제가 감당할 수 있는 문제가 아닙니다. 하지만 하나님께서 응답하시는 대로, 해결해주시는 대로, 아니, 인도하시는 대로 제가 하나님의 뜻인 줄 알고 그렇게 따르겠습니다."

맡길 때 하나님 앞에 제한을 둔다면 그것은 맡기는 게 아니다. 내가 'A 해주셔야 한다', 'B 해주셔야 한다' 이렇게 결정하고 기도하기 시작하면 나중에 낙심이 오고 "하나님, 제가 이렇게 했잖아요"라며 원망도 나온다.

그런데 하나님의 뜻은 내가 생각한 그 가운데 있지 않은 경우가 상당히 많았다. 더 놀라운 뜻과 인도하심이 있었다.

그러니 좀 힘들어도 이렇게 해보라. 마음을 가라앉히고 '그래,

하나님이 나를 인도해주시면, 하나님이 인도하시는 방법이 가장 좋은 거지' 이렇게 생각하고, 그 마음을 붙잡고 내 입술로 고백한 다음 그렇게 결정하라. 이것이 맡기는 것이다.

어떤 조건과 제한도 두지 말고, '하나님이 어떤 결정을 하시든지 저는 따르겠습니다' 하고 그냥 다 하나님께 맡겨라.

맡긴 후에 해야 할 일

하나님의 결정을 따르겠다며 하나님 앞에 다 맡겨드렸다면 이제 나는 아무것도 하지 않고 가만히만 있으면 될까? 아니다. 실제로 이제 더 중요한 일이 남아 있다. 맡긴 후에도 염려는 쉽게 끝나지 않기 때문이다. 맡긴 후에 하나님은 안 보이는데 내 문제는 계속 보이기 때문이다.

하나님은 안 보이고 그분이 일하시는 것도 아직 느껴지지 않는데 자꾸 상황이 악화되거나 뭔가 좋지 않은 쪽으로 변화가 생기는 것이 보이면 우리 눈은 보이는 것을 따라가기 마련이라 염려가 계속 일어난다. 그러면 하나님께 맡긴 것을 잊고 또 불안에 잠겨서 어려운 상태가 된다.

이 부분을 유의해야 한다. 맡긴 다음에 믿음으로 채워야 한다.

계속해서 내 안에 염려와 불안이 일어날 수 있는데 그 염려가 일어날 때부터 하나님이 응답하실 때까지의 기간을 믿음으로 채워야 한다. 하나님은 일하시는 분이고, 하나님이 일하실 것이기 때문이다. 그렇다면 어떻게 믿음을 채울 수 있을까?

입술을 지키며 믿음으로 채우라

나를 가만히 생각해보니 내가 목사인데도 입으로 다 쏟았다. 기도를 다 하고도 내 눈에 어려운 일이 터지면 매번 "큰일 났다. 어떡하냐" 하고, 아내에게도 "아, 이거 어떡하면 좋지? 이것도 큰일 났다"라고 걱정하는 마음을 쏟으며 힘들어했다.

아프리카 아이들을 돌보고 있는데 사실 지금 임대해 사용하는 건물이 건물주의 파산으로 경매로 넘어가 이제 다 길바닥에 나앉게 되었다. 눈앞이 캄캄해지고 너무 힘들어서, 기도한 다음에도 "어쩌면 좋지…" 하기 일쑤였다.

어느 날, 염려하면서도 아내에게 화살기도를 가르쳐주면서 하나님께 이 건물 지켜주셔서 건물이 나가지 않게 해달라고 기도할 것을 당부했다.

동방정교의 기도 전통인 화살기도는 군더더기 없이 하나님 앞에 곧장 쏘아 올려진다고 이렇게 이름 지어졌다. 대부분은 하나님 말씀으로 기도하며, '하나님의 아들 예수 그리스도시여, 나를 불쌍히 여겨주옵소서. 하나님의 아들 예수 그리스도시여, 우리를 불쌍히 여겨주옵소서' 이 기도를 계속 마음을 담아 반복한다. 그래서 기도의 마음을 잡을 때, 보통 기도를 시작하는 초반에 많이 하는 기도다.

그런데 나중에 아내가 사진을 하나 찍어 내게 보내줬다. 사진 제목이 '물총기도'란다. 아프리카 아이들과 물총놀이를 하면서 화살기도를 가르쳐줬더니 그 아이들이 건물에 대고 물총을 쏘며 기도했다고 한다. 그 모습을 찍어서 보낸 것이었다.

순간 울컥하고, 마음이 아프기도 한데, '아이들도 저렇게 천진난만하게 물총 쏘면서, 지켜주실 거라고 믿으면서 기도하는데 목사인 내가 염려로만 살 수 있겠나' 하고 회개도 되었다. 그리고 이 모습을 보고 나니 하나님이 어떤 식이든지 인도하신다는 확신이 마음에 가득 찼다.

너희 염려를 다 주께 맡기라 이는 그가 너희를 돌보심이라 벧전 5:7

어떻게 믿음을 채우겠는가? 사실 우리 생각은 염려로 꽉 차기 때문에 공허할 수 있다. 그래서 생명의 말씀이 너무 중요하고,

그래서 한 말씀을 갖고 꼭 붙잡고 가야 한다. 예전에 우리 믿음의 선배들은 소나무 붙잡고 뿌리가 뽑힐 정도로 기도했지만, 이제는 소나무가 아니라 말씀 붙잡고 기도하는 것이다.

"그리하면 모든 지각에 뛰어난 하나님의 평강이 그리스도 예수 안에서 너희 마음과 생각을 지키시리라"(빌 4:7) 이 말씀을 붙잡았다면 "마음과 생각을 지키시리라, 마음과 생각을 지키시리라, 마음과 생각을 지키시리라…" 하고 읊조리며 "주님, 도와주세요"라고 기도하는 것이다. 여기에 한 가지 더할 것이 있다. 그림을 그리는 것이다. 장래에 하나님께서 이루실 것을 마음에 그리며 믿는 것이다(9장 참조).

그다음은 입술을 복되게 만들어야 한다. 정말이지 기도 열심히 하고 은혜받은 다음에 다 쏟아 버리는 게 입술이다. 입술을 지키고 복되게 만들어야 하는데, 자꾸 의지적으로 "하나님이 하실 거야. 하나님이 인도해주실 거야" 이렇게 고백하는 것이 꼭 필요하다. 믿음이 약해도 반드시, 자꾸 해야 한다.

지금 너무 힘들더라도 하나님께 맡기고 믿음으로 채우며 입술을 복되게 만들자. 그것이 하나님 앞에서 우리에게 남아 있는 믿음의 영적 싸움이다.

마음을 지키며 염려를 거절하라

나를 돌아보면, 나는 어려움을 당하면 나도 모르게 엄청나게 걱정하고 있다. 그것을 나도 깨닫지 못하다가 누가 알려줄 때, 예를 들어 아내가 "지금 뭐 하세요?" 하면 비로소 내가 걱정하며 불안에 떨고 있다는 것을 알게 된다.

성경은 마음을 지키라고 말씀한다. 생명의 근원이 마음에서 나기 때문이다(잠 4:23). 무엇이 들어오지 못하게 지켜야 하는가? 무엇보다도 염려와 걱정으로부터 지켜야 한다. 하나님은 우리에게 염려를 맡기라고 하셨지 염려하라고 하신 적이 없다.

하나님이 주시는 마음과 생각은 믿음의 마음과 생각이고 마귀가 역사하는 생각은 염려다. 마귀는 특별히 마음과 생각으로 온다. 그래서 가룟 유다를 넘어뜨릴 때 마귀가 그의 마음에 '예수를 팔려는 생각'을 넣었다(요 13:2).

근신하라 깨어라 너희 대적 마귀가 우는 사자같이 두루 다니며 삼킬 자를 찾나니 너희는 믿음을 굳건하게 하여 그를 대적하라 …
벧전 5:8,9

내 안에 염려가 많으면 마귀가 들어오기 쉽다. 염려는 마음의 문을 마귀에게 열어주는 것이다. 염려와 걱정이 마음의 문을 두드리면 우리는 "아이고, 이제 오셨습니까? 어서 들어오세요" 하고 들여보낸다. 무엇으로? 생각으로! 생각하는 순간, 들어오는 것이다.

염려는 순간적으로 들어온다. 순간적으로 들어오므로 아차, 하면 금방 염려에 빠지게 된다. 그 생각으로 깊이 싸여 있는 순간은 염려로 충만해진 것이다. 이렇게 염려와 걱정으로 충만한데 성령님이 나를 지켜주지 않으셨다면 살아있는 게 기적이라는 생각이 들 정도다.

마귀는 염려로 충만한 자를 삼키려고 찾는다. 그래서 성경은 "믿음을 굳건하게" 하라고 한다. 믿음을 채워야 한다. 그리고 "그(마귀)를 대적하라"라고 한다. 우리에게 남은 싸움이고 하나님께서 승리를 주시니, 100퍼센트 온전하지는 못하더라도 우리는 싸워야 한다. 어떻게 대적해야 할까?

내가 입술을 지키며 사탄을 이기고 염려를 이기는 방법 하나를 소개하겠다. 순간순간 안 좋은 생각이 쑥 들어올 때 나는 "싫어, 그쪽은 안 갈 거야!"라고 냅다 소리를 지른다. 사람들이 없을 때는 이렇게 소리 지르고, 사람들 있을 때는 조금 작고 짧게 "싫어", "안 가", "네 생각 따라가지 않을 거야"라고 말한다.

염려가 들어올 때 "안 돼", "들어오지 마. 넌 들어올 수 없어", 불안이 들어올 때 "아냐! 하나님이 나와 함께하셔. 내 마음과 생각을 지켜준다고 말씀하셨어", "나는 하나님의 성전이야" 이렇게 말하며 물리치면 마음이 딱 잡히고 정리가 된다.

염려가 들어오려고 할 때 당신도 자꾸 해보기를 당부한다. 이렇게 혼자 말하고 있으면 옆에서 누가 약간 이상하게 볼지도 모르지만, 마음을 지키려고 애쓰면 정말 점점 좋아진다. 한 번 이긴 것이 한 번으로 끝나지 않고 자유함이 온다.

안 하면 발전이 없다. 그러니 힘들어도, 오늘 오만 가지 생각이 다 들어와서 염려로 수십 번 어려웠어도 그중에 한 번이라도 싸워보고, 두 번 싸워보고 계속 싸워보라. 정말 좋아진다. 또 살아계신 성령님이 얼마나 기뻐하시겠는가? 도와주신다! 그래서 점점 영이 강해지고 믿음도 강해진다.

하나님보다 앞서지 말라

나의 아주 큰 실패담이다. 교회의 어떤 중요한 계약을 두고 상대방이 부당한 것을 요청했다. 그래서 그 당시 그 일을 결정할 수 있는 분과 의논하니 그 분이 "목사님, 조금 참아보세요. 지금 기분 나쁠 수 있는데, 목사님이 이렇게 나서지 마시고 좀 기다리시면 좋겠습니다"라고 말했다.

그 말을 듣고, 머리로는 참아야 한다고 생각했는데, 점점 너무 부당하고 말도 안 된다는 생각에 결국 그날 밤 그쪽에 전화하고 말았다. "이러실 수 있습니까? 이건 안 됩니다. 이건 부당한 겁니다"라고 막 얘기했더니 상대방이 그만하자고 했다.

그 사람이 온전한 분 같지는 않다. 그리고 사실 이 모든 과정을 통해 나중에 하나님이 합력하여 선을 이루셨고, 또 그 계약은 안 되는 것이 하나님이 인도하시는 방법이었다.

그렇기는 해도 이 일이 항상 마음에 걸렸다. 그래서 계속 생각하다가 깨달았다. 물론 하나님의 인도하심을 받지만, 그때는 내가 참는 게 맞았는데 그 순간 그걸 못 참아서 전화하여 막 내가 해결하려고 든 것이다.

심지어 개척 초기에는 이런 일도 있었다. 한 성도님이 등록했다. 얼마나 귀한가. 그런데 그날, 그가 다니던 이전 교회에서 전화해 그 분이 자기네 교회에서 이렇고 저런 문제를 일으킨 사람이라고 얘기했다. 듣고 있자니 내 마음에 불안과 염려가 확 들어왔다.

교회에 오신 분들이 얼마나 귀한가. 그리고 각자의 아픔도 있을 테고 한쪽의 얘기만 들어서도 안 된다. 지금 같으면 그런 전화를 받고 그냥 "감사합니다" 하고 말았을 텐데 그때는 내가 너무 미숙할 때라 마음이 힘들어졌다.

염려스럽고 불안하면 기도하면 되는데 그때는 기도할 생각도 못 하고 그만 새로 오신 분에게 전화해서 혹시 등록을 취소해 주실 수 있겠냐고 물었다. 당연히 그 분은 기분 나빠하면서 당장 취소하겠다고 했다.

이런 일들 모두 내가 하나님을 앞서간 것이다. 하나님보다 앞서가면 안 된다. 하나님께 맡겼으면 그분의 인도하심이 나타날 때까지 믿음으로 채우면서 기다려야지 내가 선수 치면 안 된다. 잠시 소리 내어 읽어보자.

"하나님보다 앞서가지 말자! 성령님보다 앞서가지 말자!"

내가 먼저 앞서가면 안 된다.

지금 당신은 어떤 일을 하나님께 맡겨야 하는가? 지금 한번 해보라. 하나님께서 당신의 짐을 맡아주시는 은혜를 베푸시고 성령님이 도와주실 것이다. 온전하게 하시며 굳건하게 하시며 강하게 하시며 터를 견고하게 하실 것이다(벧전 5:10).

말씀 정리

염려를 하나님께 맡기는 방법

1. 맡기는 것은 기도로 하는 것이다. 맡길 때는 조건을 걸지 말고, 하나님께 다 맡기고 그분의 인도하심을 따르겠다고 결심하고 고백하라.

2. 하나님이 이루시고 응답 주실 때까지 그 시간을 믿음으로 채워라. 하나님이 일하시는 순간까지 믿음의 말을 하며 입술을 복되게 하라.

3. 마음을 지켜서 염려가 들어오지 못하게 싸우며 영적 전쟁을 하라. 하나님보다 앞서가지 말고 믿음으로 기다리자.

인생의 짐이 너무 힘겨워요
무거운 짐이 없어지고 삶이 행복해지는 3가지 방법

우리 인생에는 각자의 짐이 있다. 나를 힘들게 하고 잠 못 자게 만들고 그것만 생각하면 걱정되고 답답한 것. 그게 무거운 짐이다. 누구에게 말할 수도 없고, 말해도 해결되지 않는 짐 때문에 우리는 몸도 마음도 힘들고, 쉼을 얻지 못한다.
그런데 그 짐을 없앨 수 있다!

수고하고 무거운 짐 진 자들아 다 내게로 오라 내가 너희를 쉬게 하리라 마 11:28

예수님이 이렇게 말씀하셨고, 내가 이 말씀대로 예수님에게 갔을 때 예수님이 이 말씀대로 해주셨다. 인생의 모든 무거운 짐을 어떻게 없앨 수 있을지 나의 경험과 함께 말씀드리고자 한다.

성경에서 예수님을 만나라

각자의 인생에 무거운 짐이 있다. 걱정되고 답답한 이 무거운 짐을 어떻게 없앨 수 있을까? 예수님은 수고하고 무거운 짐을 진 자들에게 "다 내게로 오라"(마 11:28)라고 초청하신다.

그러면 예수님에게 가야 하는데 그분은 어디 계실까. 가장 많은 대답이 "기도하면 만날 수 있다", "예배 가운데 만날 수 있다"일 것이다. 이 책의 14장에서도 예수님이 계신 곳, 예수님을 만날 수 있는 곳을 이야기했다. 그런데 예수님은 만날 수 있는 장소가 너무 뚜렷하게 남아 있다. 성경 복음서다!

성경을 통해 예수님을 만날 수 있고 이 말씀이 지금 예수님이 내게 하시는 말씀이므로 반드시 말씀을 읽어야 한다. 읽을 때 말씀을 해석하고 공부할 수도 있지만 예수님을 만나는 방법은 의외로 간단하고 명확하다. '이 말씀이 지금 나에게 하시는 예수님의 말씀이다' 하고 말로 듣는 것이다.

예수님이 하신 말씀이 글로 적혀 있지만, 글로 기록된 이 말씀을 통해서 나에게 말씀하신다. 이것이 매우 중요하다. 예수님이 지금 나에게 주시는 말씀이라는 인식을 가지고 읽자.

예수님과의 만남을 영적으로 체험하기도 하고 그분의 음성을 듣기도 하는데 내게는 이런 체험과 음성 듣기 모두가 말씀을 통해 예수님을 만나는 인격적 교제의 강화 요소로 작용했다. 예수님은 만왕의 왕이시다. 그런데 나는 그런 예수님을 만나기 전에 인간 예수님, 인격적이고 인간미가 넘치는 예수님을 만났다.

요한복음 13장에서 예수님은 "자기 사람들을 사랑하시되 끝까지 사랑"(1절)하시고, 제자들의 발을 씻겨주시는데 가룟 유다의 발도 씻으신다. 게다가 그가 자신을 팔 것을 아셨지만 대놓고 얘기하지 않으시고 유다만 알아차리게 말씀하신다.

유다를 창피하지 않게 하시면서도 유다만 알 수 있도록, 그래서 기회를 주시려는 모습에서 나는 예수님의 인격적인 면모를 보게 되었고 그분의 마음을 느꼈다. 그러자 '아, 예수님이 이런 분이라면 내가 못 드릴 게 없지!' 하고 마음이 확 열리면서 예수님이 바로 내 옆에서 말씀하시는 것 같고, 그렇게 인격적 교제가 일어나는 것 같아서 너무 신기하고 기뻤다.

구약에도 예수님의 흔적들이 있다. 이사야서 53장에 예수님은 도수장으로 끌려가는 어린 양의 모습으로 나타나는데 "그의 입을 열지 아니하였"(7절)다는 구절을 볼 때 '예수님이 십자가로 갈 때 이렇게 하셨구나. 나를 위해서 아무 말 없이, 싸우지도 들레지도 않으시고, 내 모든 죄를 대속하시려고 이렇게 말없이 공포스러운 십자가의 길을 가셨구나' 하며 예수님의 인격, 그분의 마음을 느꼈고, 그게 느껴지자 인격적인 교제가 일어났다.

예수님을 만나러 멀리 갈 필요가 없다. 조용한 곳에 가서 성경을 펼치고 예수님이 말씀하신 복음서를 읽어라. 바로 그 현장에서 예수님을 만날 수 있다. 기록된 성경이 살아 움직이도록, 말씀이 운동력 있도록 성령께서 말씀을 변화시켜서 나에게 말씀해주신다. 그러니 오늘부터 이것을 꼭 한번 해보기 바란다.

예수님에게 짐을 맡겨라

맡겨라

앞 장에서 맡기는 것을 설명했다. 물건을 맡기듯, 문제를 예수님에게 말씀드리고 맡기는 것이다. 예를 들어 물질 때문에 고통스럽다면 "예수님, 물질이 어렵습니다. 도와주세요. 이 문제를 맡깁니다. 예수님, 인도해주세요"하고 말씀드리는 것이다.

맡긴 것을 기억하라

중요한 것은 내가 그 문제를 맡겼다는 것을 기억해야 한다는 것이다. 맡긴 것을 기억도 못 하는 사람들이 있다. 내 문제를 맡겼으면 그다음에는 예수님의 인도하심을 받아야 하는데 맡겼다는 인식이 없으면 연결고리가 없는 것이다. 그래서 문제를 맡길 때 한 번만 기도해서 맡겨도 되지만 처음에는 지속적으로 기도하는 게 도움이 된다.

예를 들면 나는 약 2주간 교회학교 교사들을 위해서 기도했다. 교사들에게 힘을 주시고 은혜와 사랑을 주시고 충만한 기쁨을 달라고 구하며 그들을 주님께 맡긴다고 새벽마다 기도했다.

처음에는 '맡긴 다음에 내가 아무것도 안 하면 되나' 싶고 뭔가 좀 이상한 것 같았지만, 그럴 필요 없다. 맡긴 후 계속해서 기도하고 간구하는 것은 참 좋은 것이다. 맡겼다는 사실을 인식하고, 그다음으로는 맡겼으니 인도함 받겠다고 생각하는 것이다.

확인하라

맡겼으면 주님이 어떻게 인도해주시는지 확인해야 한다. 그래서 2주간 교회학교 교사를 놓고 기도한 후 그 부분을 확인하기 시작했다. 예수님께 맡겼는데 그분이 어떻게 인도해주시고 어떻게 은혜 주실지 기대가 되었다.

주일부터 몇 가지 사인이 있었다. 주일예배 대표기도 때 기도자가 교회학교를 위해 기도해주셨고 오후 중고등부 예배 때는 전도사님부터 교사들, 학생들이 너무나 기쁘게 찬양하는 모습이 보이면서 '아, 예수님이 다루고 계시는구나. 예수님에게 맡겼더니 지금 은혜를 주시는구나!' 느껴졌다. 그러면 감사가 나오고 믿음이 더 생기면서 선순환이 일어난다.

어떻게 은혜 주시는지 알게 해달라고 예수님에게 구하면 내 수준에 맞게, 작게라도 알려주신다. 맡기고, 그것을 어떻게 인도하시는지 확인하면 살아계신 예수님을 느끼게 된다.

그분이 내 삶에 역사하셔서 그 문제를 이렇게 풀어주시고 막아주시는 것이 눈으로 보이고 귀로 들리면서 감사와 믿음이 생기고, 이렇게 해서 무거운 짐들이 없어지기 시작한다.

쉼을 얻어라

우리가 왜 못 쉬는가? 불안해서, 염려가 있어서 못 쉰다. 인생에 무거운 짐이 있으니 쉴 수가 없는데 내가 예수님의 보호와 인도를 받고 있다는 사실이 내 삶에 뚜렷이 나타나면 그것을 보면서 힘이 나고 믿음이 생겨 쉴 수 있게 된다.

내게도 인생의 무거운 짐이 많이 있는데 설교도 짐이 되기도 한다. 주일예배부터 오후 예배, 새벽예배까지 1주일 내내 설교를 해야 하니 설교의 부담에서 놓여 돌아설 수가 없다.

　주중 내내, 토요일까지도 사역으로 바쁘고 너무 피곤하면 설교 준비를 못 하고 쓰러져 자는 날도 있다. 한번은 설교 주제가 도무지 잡히지 않아 아내에게 도움을 받고 싶어서 주중에 은혜 받은 거 없냐고 묻기도 했다. 그러나 들어도 별 도움이 되지 않아 다시 주님 앞에 엎드렸다.

　"주님, 지금까지 저를 인도하시고, 지금까지 제 설교를 다 주신 분이 주님이십니다. 주님이 주지 않으셨다면 저는 한마디도 못 했습니다. 주님은 언제나 신실하게 은혜를 주시고 설교할 수 있도록 도와주셨습니다."

　그러고 보니 매일 설교하는데, 좀 못 해서 그렇지, 항상 하긴 했다. 촉박해서 그렇지 시간이 되면 주셨다. 너무 놀라울 정도로, 항상 은혜를 주셨다. 이렇게 한결같이 은혜를 주시는 예수님이 계심을 깨닫고, 그날은 너무 피곤해서 '일찍 일어나서 하자' 하고 그대로 갔다. 다음날 새벽 3시에 일어나 준비하는데 말씀을 술술 풀어주셔서 너무 감사했다.

　이런 일이 한두 번이 아니었다. 물론 설교 준비가 안 돼서 밤을 샌 적도 있다. 개척 초기에 그런 적이 많다. 그런 최선과 헌신도 귀하다. 그런데 내가 계속해서 할 수 없는 상황일 때 주님이 은혜 주시는 것을 경험하면서 비로소 알게 되었다. '아, 이 설교의 짐을 예수님이 맡아주시는구나! 풀어주시고 인도해주시는구나! 그 덕분에 내가 잠을 잘 수 있고 쉴 수 있구나!'

예수님이 주시는 것을 경험하고, 그 믿음이 생기니 맡기고 쉴 수가 있었다. 지금도 그렇다. 예수님이 "너희를 쉬게 하리라" 하시니 누구든지 예수님을 만나면 인생의 짐을 맡길 수 있고 그 맡김을 통해서 쉼을 얻을 수 있다.

물질의 문제도 똑같이 풀어주신다. 나는 물질 때문에 고통과 괴로움을 당한 적이 많다. 돈을 못 벌거나 돈이 부족한 정도가 아니라 갚아야 할 돈을 못 갚아서 어떨 때는 목숨이 왔다 갔다 할 정도였다. 그런데 이 문제도 주님이 다뤄주셨다. 시간이 좀 촉박해서 그렇지 물질도 꼭 채워주셨다.

지금 나는 목회와 외국인 구제 사역을 하고 있다. 얼마나 많은 재정이 필요하겠는가. 그런데 때마다 필요한 것을 꼭 주시는 것을 경험했고, 이것이 확실히 확인되니까 마음에 쉼이 되었다. 그래서 다시 문제가 생기고 아직 응답이 안 되었어도 그 믿음 덕분에 마음이 쉴 수 있다.

한 사람을 제대로 만나라

인생에서 많은 사람을 만나게 된다. 나 역시 목회를 하다 보니 정말 많은 사람을 만난다. 그런데 사람을 많이 만난다고 쉴 수 있는 게 아니다.

나를 위로하는 사람, 도움을 주고 은혜를 끼치는 분들이 있다. 그런 분들 곁에서 상담도 받고 잠시나마 쉼을 얻을 수 있지만, 당분간일 뿐 영원히 쉴 수는 없다. 누구도 다른 사람을 영원히 쉬게 해줄 능력이 없다. 그래서 많은 사람을 알고 만나는 것이 별로 중요하지 않다.

한 사람을 제대로 만나야 한다. 나를 쉴 수 있게 만들어주는 단 한 사람을 제대로 만나면 쉴 수 있다. 예수님이다. 예수님만이 내 인생의 짐을 맡아주실 수 있다. 사람은 다른 사람의 짐을 맡아줄 능력이 없지만 예수님은 내 인생의 짐과 문제를 맡아주시고 나를 바르게 인도해주신다.

최근에 건강하던 지인이 갑자기 심근 경색이 와서 쓰러졌는데 (심근 경색은 전조증상이 없다고 한다) 다행히 주변에 심폐소생술을 할 수 있는 사람이 있어서 기적적으로 목숨을 건진 일이 있었다.

그 얘기를 듣고 '만일 내가 심근 경색이 와서 쓰러진다면?' 하고 생각해보았다. 물론 오지 않는 게 가장 좋겠지만, 만일 심폐

소생술이 어려울 정도로 극단적인 상황에서 내가 쓰러졌다면 누가 나를 도와줄까? 생의 마지막 순간, 죽음 앞에 선다면 그때는 누가 나를 도와줄까?

가족이 귀하지만 가족과 같이 가는 것이 아니다. 나 혼자 가는 것이다. 그런데 아니다! 나 혼자 가는 것처럼 보이지만 예수님이 나와 동행하신다. 나는 이것이 너무 감사하다.

지금도 동행하시는 예수님이 내가 이 땅에서 숨을 거두는 마지막 순간에도 나와 동행하신다. 그리고 그 순간에 나의 길을 인도할 수 있는 분은 오직 예수님뿐이다. 건강 문제도 다 주님에게 주권이 있고, 내가 살고 죽는 것도 그분 손에 달렸다고 생각하니 힘이 나고 마음이 쉼을 얻었다.

이렇게 오랫동안 지속적으로 사랑해주시고 용서해주시고 은혜 주시고 인도해주시는 분이 또 있는가 돌아보니 없었다. 아무리 생각해도 없다.

이 장을 읽으면서 마음에 감동이 왔다면 예수님이 당신의 마음에 짐이 있는 것을 아시고 그 문제 해결해주려고 말씀하시는 것이다. "나를 만나라. 내가 너를 기다리고 있다. 성경을 읽어라. 그 가운데 나를 만날 수 있다"라고. 그 말씀에 응답하시기 바란다. 예수님이 도우시고 은혜 베푸실 것이다. 힘내세요!

인생의 무거운 짐으로 힘겨울 때

1. 우리는 예수님에게 가야 쉴 수 있다. 그 예수님이 지금 복음서에서 나에게 말씀하신다. 펼치면 계신 예수님에게서 내가 직접 그 음성을 듣는 것이다. 성령님이 그렇게 되도록 도와주신다.

2. 예수님에게 짐을 맡겨라. 기도로 맡기고, 맡겼다는 사실을 인식하라. 맡겼으니 인도함을 받겠다고 결심하고 어떻게 인도하시고 은혜 주시는가 확인하라. 이것을 볼 때 감사하고 믿음의 충만함에 이르게 된다.

3. 많은 사람을 만나는 것이 중요한 게 아니다. 단 한 사람, 예수님을 제대로 만나야 한다. 그분이 평생토록 나와 동행하시며 나를 인도하고 지켜주신다. 지금부터 영원까지 나의 출입을 지켜주신다.

길을 잃은 것 같아요
죄책감, 외로움, 고난 중에 하나님이 일으키시는 반전

신앙생활을 나름대로 잘하고 있다고 생각하는데 너무 삶이 힘들어질 때가 있다. 설상가상으로 어려운 일이 연속되면, 힘든 것은 둘째치고 '하나님이 정말 나를 사랑하시나? 정말 나를 돌봐주고 계시나?' 하며 근본적인 믿음이 흔들리고 너무 답답해진다.

나 역시 그런 일을 겪다가 그 일련의 과정을 통해 몰랐던 것을 알게 됐다. 그런 중에도 하나님이 나를 인도하셨다는 사실이다. 하나님이 어떻게 인도하시는지는 나도 잘 몰랐고 생각지도 못했는데 상상도 못 했던 방법으로 인도하셨음을 나중에서야 깨닫게 하셨다.

그래서 하나님께서 고난과 어려움 가운데서 우리를 어떻게 인도하시는지를 나누어보려고 한다. 환경이 너무 힘들어서 답답하고, 너무 일이 안 풀려 내가 어떻게 해야 할지 갈 바를 알지 못하는 분들에게 도움이 되기를 기대한다.

자책 대신 깨달아야 할 것

우리를 힘들게 하는 원인은 크게 환경과 사람의 문제인 것 같다. 그런데 외부의 힘든 일이 아니라 내 죄와 중독, 묶임으로 고통스럽고 죄책감으로 미칠 것 같은 상황들이 있다.

죄를 지으면 그 죄 때문에 좋지 않은 결과를 당할 뿐만 아니라 자꾸 정죄감이 올라오면서 '나라는 인간은 정말 쓰레기 같다. 나 같은 인간을 정말 하나님이 사랑하실까? 내 삶을 알면 아마 나를 좋아할 사람은 아무도 없을 거야'라는 생각이 든다.

그런데 죄는 내가 지었는데 하나님은 그때마다 이상할 정도로 다시 일어나게 하시고, 교회 나오게 하시고, 또 너무 송구스럽고 마음이 무겁지만 회복하게 해주신다. 하나님의 인도하심이 여기 있다. 전능하신 하나님이 죄인인 내게 손 내밀고 은혜를 주신다.

베드로가 예수님과의 첫 만남 때 이상한 말을 했다. 밤새 물고기를 한 마리도 못 잡은 베드로가 예수님의 말씀을 따라 깊은 데로 가서 그물을 내리자 배가 꽉 차도록 많은 물고기가 잡혔다. 그런데 이 만선(滿船)의 좋은 순간에 그가 갑자기 예수님 앞에 가서 엎드려 "주여 나를 떠나소서 나는 죄인이로소이다"(눅 5:8)라고 고백한 것이다.

뜬금없는 말이 아닐 수 없다. 처음에는 이해가 되지 않았는데 신앙생활을 해보니 알겠다. 값없이 은혜를 받으면 내가 누구인지 알게 되고 죄인임을 고백하게 된다. 내가 잘못했는데 하나님이 은혜를 주시면 그때 정말 '난 정말 쓸모없는 인간이었구나. 나는 부족한 사람이었구나!'라는 것을 깨닫게 된다.

하나님께서 내가 할 수 없는 게 있다는 것을 알려주실 때가 있다. 무엇보다도 우리는 자기 죄를 스스로 해결하지 못한다. 당신도 얼마나 많이 노력했는가. 남이 알면 안 되는 죄를 계속해서 짓고 있는가? 혼자 있을 때, 수치스러운 죄를 짓고 해결하지 못하고 있는가? 해결했다면 대단한 분이다. 잘하셨고, 하나님께 감사하시면 된다. 그러나 못 한 분들도 낙심하지 말라.

못 하는 게 맞다. 그리고 그 못 하는 것 때문에 예수님이 내게 오셨다. 정말이다. 내게 오셔서 "너 그 문제 해결하지 못하지 않니? 그 문제 때문에 고통스럽지. 내가 너의 죄 문제를 해결할 능력이 있는 존재임을 알려줄게. 내가 너를 돕고 싶고, 네 구주가 되길 원한다"라고 말씀하신다.

왜 이 음성을 들려주시는가? 다른 방법이 없기 때문이다. 아무리 노력해도 회복하고 일어날 방법이 없을 때 비로소 이 메시지가 들리기 시작한다. 힘든 건 힘든 거고 누가 어떻게 해줄 수 없지만, 하나님이 은혜를 주시면 거기서 벗어날 수 있다.

혹시 '이 문제만 해결된다면 내가 가진 것 다 주고 싶다'라는 생각을 하는 분이 있을지 모른다. 특히 무엇인가에 중독되거나 어떤 죄에 몸과 마음이 묶인 분이라면 더욱 간절할 텐데 주님의 음성에 귀를 열고 그냥 주님께 손을 내밀자.

은혜를 받으면 나는 작아진다

예수님을 만난 후로 사도 바울은 자아 인식에 계속 변화를 보인다. 어떻게 변화되었는지 그의 기록을 연대기적으로 살펴보자.

나는 사도 중에 가장 작은 자라··· 고전 15:9

모든 성도 중에 지극히 작은 자보다 더 작은 나에게··· 엡 3:8

··· 죄인 중에 내가 괴수니라 딤전 1:15

고린도전서를 쓴 시기는 바울의 3차 선교여행 기간으로 알려져 있다. 그때 자신을 "사도 중에 가장 작은 자"로 칭하던 그가 좀 더 시간이 지나 로마에서 구금되어 옥중서신인 에베소서를 쓸 때는 "모든 성도 중에 지극히 작은 자보다 더 작은" 자라고 한다. 더 작아졌다.

그리고 순교 당하기 몇 해 전에 쓴 디모데전서에서는 "죄인 중에 괴수"라 한다. 점점 자기가 작아진다. 어떻게 이렇게 되었을까. 예수님을 통해서 은혜받았기 때문이다.

은혜를 받으면 은혜를 준 분이 커 보인다. 예수님의 은혜를 받으면 예수님이 정말 크게 보인다. '정말 예수님이 나를 구원하신 분이 맞구나. 정말 예수님이 나를 도와주시는 분 맞구나!' 하며 예수님이 점점 크게 보이고, 반대로 나는 점점 작아질 수밖에 없다. 하나님이 우리를 이렇게 바울처럼 인도하신다.

주님이 그런 우리, 아니 내게 요청하시는 것은 하나밖에 없다.

"네 마음을 열어 나를 영접하라."

이것만 하면 된다. 나는 내 죄의 문제도, 죄책감도 해결할 수 없기 때문에 예수님이 내게 오신 것이다. 그러니 마음의 문을 열고 예수님께 도움을 요청하고 그분을 내 구주로 영접하라. 다 말씀드리고 그분을 받아들이면 된다. 죄책감에 사로잡힐 때는 그분을 부르라. 그러면 그다음부터는 주님이 역사해주실 것이다.

마음을 열고 진심으로 예수님을 나의 구주로 영접하면 그때 부터 생활이 달라지고 삶이 달라지기 시작한다. 또 쓰러져도 괜찮다. 그럼 다시 받아들이면 된다. 주님은 이끄실 능력과 힘이 있는 분이시니 우리는 그분을 의지하면 된다.

외로움으로 힘들 때

내적으로 우리를 어렵게 하는 요인이 우리 자신의 죄라면, 외적인 요인은 환경과 사람이다. 성경에는 그런 사람들의 이야기가 많이 나오는데 그중에서도 대표적인 사람을 꼽아보자면 구약의 요셉과 신약의 바울이 아닐까 한다.

이 두 사람의 공통점은 사람과 환경의 어려움을 겪은 것이다. 그러나 무엇보다도, 이들은 반전의 인생이 되었다는 점이다. 애굽의 총리로, 이방인의 사도로. 그들을 인도하신 하나님의 '반전의 은혜'가 있었기 때문이다.

바울이 예수님을 만나기 전에는 잘나가는 사람이었다. 바리새인 중의 바리새인이요 가말리엘의 문하생으로, 학벌도 좋고 집안도 좋은 그 당시의 대표적인 금수저였다.

그런데 예수님을 만난 후로는 자기 동족에게 완전히 원수 취급을 당했다. 심지어 유대인 40명이 바울을 죽이기 전에는 먹지도 마시지도 않겠다고 동맹하기까지 한다(행 23:12,13). 그렇게 바울은 인간관계가 다 끊어지고, 동족에게 배신자로 낙인찍혀 외톨이가 되었다.

그 정도까지는 아니라 해도, 우리도 살면서 그렇게 혼자 된 느낌을 받을 때가 있다. 처음에는 함께하는 사람들이 있었는데 점점 관계가 어려워지고 하나둘씩 주변을 떠나가 결국 나 혼자만 남을 때가 당신도 있지 않았는가?

극장에서 영화를 보는데 그 수백 석 중에 관객은 나 하나일 때처럼, 새벽예배 때 강단에 섰는데 한 사람도 안 와서 텅 빈 예배실에서 홀로 예배드릴 때처럼 외롭고 적막한 그 느낌.

내가 좀 잘되고 좋을 때는 사람들이 북적북적했는데 뭔가 잘 안되고 영향력이 떨어지니까 다 사라지고 나 혼자 남을 때, 그래서 사도 바울처럼 그 좋았던 인간관계가 다 끊어질 때면 괴롭고 고통스럽고 하나님도 나를 버리신 것 같은 느낌마저 들었다.

그런데 그때 내가 몰랐던 사실은 하나님이 바로 옆에 계셨다는 거였다. 내가 그것을 몰랐다가 창세기에서 요셉의 이야기를 읽으며 깨닫게 되었다.

혼자가 되었을 때 영적인 사람이 되어라

요셉이 꿈 때문에 어려움을 당했다. 형들에게 버림받아서 애굽에 노예로 팔리고, 10년간 열심히 일해서 가정 총무가 되어 이제 좀 편해지나 했더니 억울하게 감옥에 간다. 세상의 관점으로는 저주받은 인생으로 떨어진 것인데 하나님은 창세기에서 두 번이나 이렇게 말씀하신다.

여호와께서 요셉과 함께하시므로 그가 형통한 자가 되어 … 이는 여호와께서 요셉과 함께하심이라 여호와께서 그를 범사에 형통하게 하셨더라 창 39:2, 23

요셉이 보디발의 종으로 살 때도, 감옥에 떨어졌을 때도 여호와께서 함께하심으로 그가 형통한 자가 되었다고 하신다. 요셉이 딱 혼자 남았지 않은가. 그런데 구덩이에 던져지고 타국에 버려지고 감옥에 갇히는 어렵고 힘든 상황에서도 하나님이 그와 함께하셨다. 그것이 너무 중요하다.

창세기 기자가 안 썼는지 못 썼는지 모르겠는데, 신기할 정도로 요셉에게 부정적인 얘기나 불평과 원망이 하나도 없다. 정말 없었을 수도 있지만 나는 '요셉이 약간 불평은 했지만, 수위가 높지 않기 때문에 성경이 기록하지 않은 게 아닐까'라고 상상해 보며, 나 또한 원망이 나올 때가 있더라도 성령님이 보시기에 수위를 넘지 않기를, 그렇게 마음을 지킬 수 있기를 소망한다.

요셉이 이렇게 버틸 힘이 어디 있었을까? "여호와께서 요셉과 함께하시므로". 그 은혜를 받았다. 사람들이 다 떠나고 환경이 바뀌었어도 하나님이 자기와 함께하신다는 사실을 안 것이다.

나는 이것을 몰라서 다 떠나갈 때 사람만 보고 있었다. '저 사람 왜 안 오지?', '저 성도님이 왜 교회를 떠났지?', '가면 안 되는데…. 이러다 재정도 어려워지는 거 아니야?' 하며 사람만 봤다. 바로 내 곁에 위대하신 예수님이 계시는데 보지 못했다.

그때서야 내가 나를 알았다. 내가 사람 의지하고, 물질 의지하고 살았다는 것을. 그때 주님의 인도하심은 바로 옆을 보고 주님과 동행하는 것이었다. 혼자 됐을 때, 혼자된 느낌도 맞고 나 혼자서 길을 가는 것도 맞는데 그 길에 주님이 동행하시고, 넉넉히 갈 수 있도록 은혜를 주신다.

그러니 혼자 됐을 때는 자꾸만 사람을 찾지 말고 바로 옆에 계신 예수님을 찾아야 한다. 세상 사람 다 끊어졌다면 이제 영적인 사람이 될 필요가 있다. 옆에 계신 예수님과 말씀과 기도로 교제하며 동행하자.

그러면 정말 그분이 도와주신다. 내 힘든 상황을 나보다 더 잘 아시고 더 가슴 아파하시는 주님이 살길을 여시고 은혜를 주시며 돌보신다. 그러니 지금 낙심되더라도 조금만 참고, 옆에 계신 주님의 손을 잡아라. 그분은 우리를 귀히 여겨주신다.

두려워하지 말라 너희는 많은 참새보다 귀하니라 마 10:31

환경과 사람 대신 바꿔야 할 것

어두운 굴을 걸어갈 때 멀리서 빛이 보이면 '터널이구나' 하고 소망이 생기지만, 앞이 다 가로막힌 동굴이어서 가도 가도 끝이 없으면 소망을 잃는다. 일말의 희망이라도 있으면 그것을 바라볼 텐데, 변화될 가능성이 없어 보여 많은 사람이 죽음으로 향한다.

사람과의 관계 문제도 힘들지만 나는 환경 때문에 압도될 때 특히 힘들었다. 특히 목회를 해오면서 어려움이 많았다. 개척할 때도 그랬고 코로나 시기에도 어려웠다. 환경이 바뀌고 좀 쉬워졌으면 좋겠는데 바뀌지 않는 것이 힘들었다.

그런데 두 가지 진실을 꼭 말씀드리고 싶다. 첫째, 고난은 영원하지 않고 반드시 끝난다는 것이다. 진짜다. 둘째, 지금 혼자된 느낌이 들더라도 예수님이 바로 옆에 계신다. 그러니 그분과 동행하기를 바란다. 정말 예수님을 붙잡고 의지하며, 그분의 말씀을 마음에 담아두고 살라.

환경과 사람이 나를 압도할 때 내가 할 수 있는 것이 있고 할 수 없는 것이 있다. 환경과 사람은 못 바꾼다. 요셉도 구덩이에 던져지고, 애굽에 팔려 가고, 감옥에 들어갔을 때 그 환경도, 사람도 바꾸지 못했다.

다른 것 다 못 바꿔도 우리가 바꿀 수 있는 것이 딱 하나 있는데 바로 나 자신이다. 내 마음이다. 요셉도 그가 바꾼 것 하나가 바로 자기 마음이었다. 그는 마음을 새롭게 하여 주님만 의지했고, 하나님은 그를 흠이 없는 사람으로 세우셨다.

하나님은 우리가 사방으로 욱여쌈을 당해도 하나님의 인도하심이 있다는 사실을 알기를 원하신다. 하나님은 요셉의 이야기를 통해 '요셉 소명' 또는 '요셉 사명'을 알게 해주셨다.

요셉은 꿈을 통해 비전을 받았는데 그 비전 때문에 고난을 겪었다. 그러나 그가 알지 못하는 동안에도 하나님은 그 고난의 시간 동안 그와 함께하시며 그를 가르치시고, 결국 총리로 세워 이스라엘과 애굽, 두 나라를 살리셨다.

성경에서 그 과정을 보면서 하나님이 나 또한 그렇게 인도하실 수 있겠다는 생각이 들었다. '나도 지금은 요셉처럼 갈 바를 알지 못해 답답하고 힘들지만, 하나님은 지금도 나와 동행하며 내 길을 여시는 분이다. 그렇다면 요셉을 통해 뭘 배워야 할까?'

그런 생각을 가지고 말씀을 깊이 읽다 보니 몇 가지를 배우게 되었다.

내가 겪는 고난에 불필요한 것은 없다

첫 번째로, 사람이 다 떨어져 나갈 때 더 이상 사람 찾지 말고 하나님을 의지해야 한다는 것이다. 물론 사람과 교제해야 하지만, 무엇보다 말씀 붙잡고 기도하며 하나님과 영적 교제를 해야 한다.

요셉이 애굽의 총리가 된 결정적인 이유는 꿈을 해석하는 능력이 있었기 때문이었다. 그것은 요셉이 이미 주님과 깊은 영적 교제를 해왔다는 것을 알려준다. 주님과의 교제를 통해서 받은 은혜와 은사 아니겠는가?

두 번째는 성실함이다. 그는 정말 성실했다. 히브리인 노예로서 바닥에서부터 가정 총무까지, 끝까지 올라간다. 그것을 보면

10년 동안 정말 성실하게 열심히 살았다는 것을 알 수 있다. 그 성실 위에 하나님이 형통하게 하시는 은혜를 주셔서 요셉은 모든 일을 잘했다. 그래서 주인인 보디발 장군은 점점 더 많은 걸 맡기다가 결국 그를 수석으로 세웠다.

마지막으로 요셉에게 배울 점은 그가 어떤 억울한 상황에도 불평과 원망을 하지 않은 것이다. 이건 너무 신기했다. 물론 성경의 사람들이 완벽하진 않지만 어떻게 이럴 수 있을까. 억울하게 감옥에 떨어졌을 때는 정말 원망할 만하지 않은가?

하나님 원망하고 사람도 원망하는 게 인지상정일 테고, 그런다 한들 아무도 손가락질할 수 없었을 텐데도 그는 그러지 않았다. 바닥에서 정상까지 그의 삶에는 원망과 불평이 없었다. 대신 묵묵히 자기 직분을 다했다. 그렇게 하나님과 동행하며 원망, 불평 없이 성실히 일할 때 보디발의 집에서나 감옥에서나 형통함이 있었다.

그런데 하나님은 그의 모든 고난의 상황을 다 사용하셨다. 요셉은 보디발의 집에서 일하는 동안 살림을 배웠고, 감옥에서 왕의 죄수들을 돌보면서 애굽의 중요하고도 내밀한 정치 원리, 경제원리, 외교원리 같은 것들을 배웠다.

그가 가정 총무 역할을 대충했다면 애굽의 총리가 됐을 때 나라 경영에 무지했을 것이고, 감옥에서 불평만 했다면 애굽의 정치, 외교 및 왕궁의 문화와 예절, 언어 등 다양한 것들을 하나도 배우지 못했을 것이다.

당시에는 몰랐는데 나중에 총리가 되고 보니 다 필요한 거였다. 바로 여기서 정말 중요한 교훈을 보게 된다. 내가 지금 겪는 것 중에 필요 없는 게 없다는 사실이다! 설령 나 보기에는 없어지면 좋을 고통과 슬픔이더라도, 이 또한 나에게 필요한 것일 수 있음을 알고, 할 수만 있다면 하나하나 성실하게 받아들이며 그 상황 속에서 열심히 살아가는 게 정말 중요하다.

특히 원망과 불평을 자꾸 없애고, 할 수 있는 대로 하나님 앞에 감사하면서 하나하나 성실히 살아가면 나중에 하나님이 쓰시는 데 전부 다 사용되는 하나님의 도구가 될 것이다. 나는 요셉을 통해 그것을 깨달았다.

다시 어려움을 만나면 정말 잘하고 싶다

코로나가 유행하기 시작한 초창기는 코로나 감염자에 대해 거의 죄인 취급을 하고 사회적 분위기가 험악해서 특히나 걸리면 안 되는 때였다. 그런데 외국인 사역하던 아내가 감염되어 10

일간 격리되었고, 그동안 나는 격리 뒷바라지를 하며 가정을 돌보고 목회하다가 격리 해제된 아내를 데리고 집에 돌아왔는데 그러고 나서 감염이 되었다. 너무 황당하고, 약간 억울하기도 하고, 성도들에게 너무 죄송하고 앞이 캄캄했다.

확진자가 되니 보건소에서 와서 하얀색 방호복을 올려보냈다. 그것을 받아 입고 나가면 "죄송합니다" 소리가 절로 나온다. 그런 나를 보건소 직원 두 사람이 무슨 범인 체포하듯이 데리고 가고, 보건소에서 집을 소독하고, 이웃 사람들은 구경하다가 다 무서워서 도망갔다.

119로 호송되어 포천 병원으로 가는데 '하나님, 왜 저한테 이런 일이 일어났습니까?' 하고 원망부터 나왔다. 실제로 당하니까 목사고 뭐고, 사람의 본성이 그런 것 같았다.

병원에 도착해 열흘 간의 격리가 시작됐다. 사실 나는 혼자 있는 것을 잘해서 내가 잘 해낼 줄 알았다. 그런데 아니었다. 막상 격리되고 보니 밤에 뭐 나올까 무섭고 기분이 이상했다. 자꾸 원망하는 마음이 스멀스멀 올라오고 걱정도 되었다.

혼자 있으면 기도하고 말씀을 봐야 하는데, 알면서도 그런 건 제대로 하지도 않고, 10일 내내 창밖 풍경만 내다보면서 '내가 나가기만 하면 저 동산에 올라가겠다'라는 생각만 한 것 같다.

그때 정말 내 모습, 내 현실을 보았다. 아무에게도 얘기할 수는 없었지만 나의 믿음 없음, 사랑 없음, 절제하지 못함을 보았다. 그리고 걱정과 두려워하는 마음이 내 안에 너무 많다는 것을 확실히 알게 되었다.

시간이 흘러, 성경을 통해서 하나님이 어떻게 인도하시는지를 알고 나서 뒤돌아보니, '내가 그 어려운 시간에 하나님 앞에 신실하게 맡겨드리며 기도하고 말씀 보고, 어렵지만 감사하고 주님께 찬양하며 지냈다면 내 삶이 얼마나 하나님 앞에 기쁨이 됐을까' 그런 아쉬운 생각이 들었다.

그래서 만약 앞으로 그런 기회가 온다면 이제는 정말 한번 잘 해보고 싶다. 진짜 감사함으로 하고, 원망이 목구멍까지 올라와도 '아니야' 하며 꽉 누르고, "하나님, 이것도 제게 필요한 것이고, 다 쓰임 받을 거라고 생각합니다. 하나님이 저를 인도하실 것을 믿습니다. 정말 하나님을 의지하겠습니다. 제가 입술을 복되게 만들겠습니다. 믿음 잃지 않겠습니다" 그렇게 고백하며 가고 싶다.

말씀 정리

삶이 힘들 때 인도함을 받는 방법

1. 죄와 중독과 묶임으로 죄책감과 정죄감이 클 때 내가 해결하려고 하지 말고 주님을 받아들이자. 주님께 다 말씀드리고 도움을 청하자.

2. 혼자 되었다면 이제 옆에 계신 주님을 의지할 때가 된 것이다. 요셉은 혼자가 되었지만 주님을 의지할 때 영적인 사람이 됐고, 주님은 그 모든 과정을 신실하게 인도하셨다.

3. 환경이 나를 압도할 때 내가 바꿀 수 없는 것을 바꾸려 하지 말고 내 마음을 바꾸자. 하나님의 말씀에 귀 기울이자.
   "네가 변화시키려고 하지 마라. 내가 변화시키겠다. 너는 나를 의지하라. 그리고 이제는 믿음을 갖고 살아보자. 이제는 네 입술을 복되게 만들어보아라."

신앙생활을 깊이 있게 잘하려면?

말씀과 기도로 영적 세계를 만나기

하나님을 믿고 신앙의 길로 들어섰다면 어떻게 하면 믿음생활을 잘하고 깊게 할 수 있을지에 관심이 갈 것이다. 사실 오랫동안 신앙생활을 해도 기쁨이 없고 습관적으로 교회에 나갈 수 있다. 이런 분들은 특히 더 그렇겠지만, 우리 모두 기쁘고 행복하고 은혜가 되는 믿음의 삶을 누리길 원한다.

어떻게 하면 신앙생활을 잘할 수 있을까? 정답을 말씀드리면, 예수님을 잘 믿는 것이다. 그런데 예수님이 어떤 분인지 알아야 믿지 않겠는가? 우리가 그분을 다 알 수는 없지만, 나의 목회를 통해 만나는 예수님이 어떤 분인지 나누며 예수님을 믿는 믿음의 내용을 생각해보려 한다.

그리고 신앙생활은 두 세계의 만남이다. 두 세계를 살아가면서 어떻게 땅의 것을 넘어서는 기쁨과 행복을 누릴 수 있을지 함께 나누어보려고 한다.

예수님이 나를 사랑하심을 알라

주의 성령이 내게 임하셨으니 이는 가난한 자에게 복음을 전하게
하시려고 내게 기름을 부으시고 나를 보내사 포로 된 자에게 자유
를, 눈먼 자에게 다시 보게 함을 전파하며 눌린 자를 자유롭게 하
고 눅 4:18

예수님이 공생애를 시작하시며 그분의 사역을 이사야서 61장
의 말씀으로 선포하셨다. 마음이 상하고 포로 되고 갇힌 자들을
불러 그들에게 복음을 증거하러 오셨다는 것이다.

마음이 상한 사람은 상처를 많이 받은 사람, 깨진 마음을 가진
사람이다. 포로 되고 갇힌 사람은 죄로 인해서 죄책감에 눌리고
고통받는 사람, 중독된 사람 등을 가리킨다. 얼마나 많은 중독자
가 있는가.

어쩌면 이 책을 읽고 있는 당신도 죄 때문에 괴롭고 또 마음의
큰 상처, 아픔 때문에 괴로울지 모른다. 중독으로 괴로워하면서
도 누구에게도 말 못 하고 있는지도 모른다. 예수님이 바로 그런
당신을 위해서 오셨다. 다른 어떤 의인이 아니라 바로 당신을 만
나러 오셨다.

예수께서 대답하여 이르시되 건강한 자에게는 의사가 쓸데없고 병든 자에게라야 쓸 데 있나니 내가 의인을 부르러 온 것이 아니요 죄인을 불러 회개시키러 왔노라 눅 5:31,32

그렇다. 우리가 깨끗해서 주님이 오신 게 아니다. 우리가 정말로 더럽고 추악하고 어리석은 삶을 사는 가운데 예수님이 찾아오셔서 나를 붙잡아 주시고 인도해주시는 것이다.

나는 파주의 한 교회에서 목회하면서 목요일마다 연풍리라는 곳에 가서 반찬을 나누고 예배를 드리는 반찬 사역을 하고 있는데 신앙생활과 목회를 하면서 정말 예수님이 가난하고 병든 자를 사랑하신다는 것을 알게 된 계기가 몇 가지 있다.

예수님은 가난하고 병든 자를 사랑하신다

연풍리에는 한때 전국 최대 규모의 집창촌(성매매 집결지)으로 불렸던 '용주골'이 있다. 예전에 미군 부대가 있어서 생긴 것 같은데 지금도 좀 남아 있다.

프롤로그에서도 이야기했지만 그곳 집창촌의 자매들이 자기 강아지가 예쁘다는 말을 듣고도 예쁘다고 말하지 못하고, 아니라고 예쁘다고 재차 말해도 여전히 똥개라고만 대답하는 것을 보았을 때 마치 그들 자신의 모습을 그렇게 얘기하는 것만 같아서 참 마음이 아팠다.

성탄절이나 부활절 같은 때에는 내 아내와 권사님들이 집창촌에도 가서 떡을 나누고 복음도 전한다. 가면 "저 교회 다녔어요" 또는 "저 지금 교회 다녀요"라고 하는 자매들이 있다.

예수님이 세리와 죄인을 사랑하셨다. 만약에 예수님이 불편한 마음을 주셨거나 그들을 정죄하는 말씀을 하셨다면 그들은 절대 같이 있지 않았을 것이다. 당신은 더럽다느니 죄인이라는 내색을 조금이라도 하면 당장 싸움이 나고 옆에 있지도 못했을 것이다.

그러나 예수님은 정말 세리와 죄인과 창녀들을 가까이하시고 그들을 사랑하시고 그들에게 복음을 증거하셨다. 그들을 보면 참 마음이 아프지만, 그들의 마음에는 예수님을 알고 싶어 하는 갈망이 있다.

그 지역에는 어려운 할아버지들도 많이 계셨다. 하루는 동사무소에서 내게 부탁을 해왔다.

"목사님, 저쪽에 가면 다 쓰러져가는 집이 한 채 있는데, 그 댁 할아버지가 안 나오세요. 이번 겨울에 눈이 많이 온다는데, 큰일

났습니다. 목사님이 어르신 도와드리는 일을 많이 하시니까 그 댁에 가셔서 그 할아버지가 나오시도록 설득 좀 해주세요."

가보니 다 쓰러져가는 그곳에서 할아버지 한 분이 움막 같은 곳에 촛불 켜고 살고 계셨다. 나오시라고 여러 차례 설득해 그분을 모시고 나와 월세로 집도 한 칸 마련해 드리고 교회로 인도해 드렸다. 할아버지는 맨 앞에 앉아서 신앙생활 잘하셨다. 여든이 넘은 연세에도 얼마나 흥이 있으신지 손뼉을 치며 찬송도 잘 부르셨다.

할아버지가 소천하셨을 때 내가 그 분의 운명한 마지막 모습을 봤다. 눈을 떴는데 뭔가를 보고서 놀란 표정이었다. '정말 천국이 있구나. 정말 하나님나라가 있구나' 하며 놀란 눈, 그런 얼굴이라는 것이 보는 순간 느껴졌다.

가족에게 연락하니 알아서 하시라 한다. 어쩌겠는가. 가족과 끊어진 지 이미 오래된 것이다. 그래서 눈을 감겨드리고 많은 분의 도움으로 우리가 장례를 치러드렸다.

장례식 중에 나이 많은 집사님 한 분이 "오빠, 먼저 천국 가 계세요. 제가 따라갈게요" 하며 우시는데 나를 비롯해 주변에 있던 사람들 다 눈물이 났다.

그런 힘들고 어려운 분들을 찾아가면 예수님이 꼭 은혜를 주신다. 그래서 '예수님이 이래서 이분들을 찾아가셨구나. 이래서 이분들에게 복음을 증거하셨구나. 혼자 해결할 수 없는 이 어려움을 아시고 고통 가운데서 건져주시려고 먼저 찾아가셔서 그들을 사랑해주셨구나!' 하고 깨달으며 예수님의 마음을 느끼게 된다.

그렇다. 내가 건강하지 않기 때문에, 내가 깨끗하지 않기 때문에, 내가 죄인이기 때문에, 내가 중독자이기 때문에 예수님이 오신 것이다. 정말이다. 왜? 살려주시려고, 거기서 건져주시려고, 정말 깨끗한 삶과 은혜의 삶과 기쁨의 삶으로 인도해주시려고 오신 것이다.

세상에 이런 분이 어디 있는가? 이 각박한 세상에 나 한 사람을 위해서, 그것도 깨끗하지 않고 인격도 온전하지 못한 나를 살리려고 예수님이 오신 것이다.

정말 예수님 믿기를 잘하셨다. 그분을 잘 믿으시면 된다. 그분이 이렇게 나를 사랑하시는 분이다. 예수님이 사랑하신다는 것을 잊지 말고 정말 기억해야 한다.

예수님을 진짜 믿으라

예수님에게 나아가는 믿음으로

누가복음 8장에 예수님의 옷자락을 만진 혈루병 여인이 나온다. 성경에서 피가 나가는 것은 다 불결한 것이었으므로 12년 동안 만성 자궁 유출병을 앓아 온 그녀도 불결한 여인이었다.

그런 여인이 예수님의 소문을 듣고 나왔다. 그녀가 만일 누구를 만지면 그 닿은 사람도 부정해지기 때문에 여인은 나올 수 없는 사람이었다. 그런데도 '예수님의 옷에만 손을 대도 나는 구원을 받으리라' 생각하고 목숨 걸고 나온 것이다.

그녀가 예수님 뒤에 가서 옷자락에 손을 대자 예수님은 누가 내 옷에 손을 댔느냐고 물으신다. 베드로가 "무리가 밀려들어 미나이다"(눅 8:45)라며 누가 손을 댔는지 알 수 없다고 해도 "내게 손을 댄 자가 있도다 이는 내게서 능력이 나간 줄 앎이로다"(46절)라고 하신다.

이 여인이 두려워 떨며 엎드려 자신이라고 자백하자 예수님이 너무 놀라운 말씀을 하신다. 사실 뭐라고 할 수 있잖은가? 예수님도 당시 유대인 남자니까 부정한 여인이 손을 대면 부정해질 텐데도 "딸아 네 믿음이 너를 구원하였으니 평안히 가라"(48

절)라고 하신다. 이 "딸아"라는 표현은 바로 하나님의 딸을 가리키는 것이 아니겠는가?

이 부정한 여인은 그렇게 치료받고 구원받았다. 이 여인의 믿음의 내용이 뭘까? 나가는 것이다. 예수님 앞에 용기 있게 나가는 것이 믿음이다.

창피한 얘기지만, 예전에 내가 제대 후 다시 공부하는데 군대에서 배운 담배가 도무지 끊어지지를 않았다. 밥을 안 먹으면 끊어지겠지 하고 금식도 해봤지만 금연은커녕 금식도 실패했다. 그날은 금요일이었는데 하나님께 너무 죄송해서 금요기도회에 갔다. 학원에서 같이 공부하던 동생의 아버지인 목사님이 치유집회를 하셨다.

집회 도중 목사님이 "이 중에 치료받고 싶은 사람 있으면 나오십시오"라고 초청하셨다. 그 말을 듣자마자 '정말 이거 하나님 앞에 끊어지길 원합니다'라는 간절한 마음으로 앞으로 나갔다. 그런데 나가면서 뭔가 쌔한 느낌이 들어 돌아보니 아무도 없었다. 나 혼자 나갔던 것이다! 얼굴이 화끈거렸다.

목사님이 "너 왜 나왔니?" 물으셔서 "목사님, 저 담배 끊고 싶어요"라고 솔직히 말씀드렸다. 목사님이 웃으시고는 내 목에 손을 대고 안수하시는데 뭔가 찌릿한 게 느껴지면서 치유의 은혜가 정말 있다는 것을 느꼈다.

그러고 나서 집에 갔을 때 '이왕 실패한 금식이니 라면이나 먹자' 하고 라면을 먹는데 담배 생각이 안 났다. 이후로 담배 생각이 완전히 끊어졌다. 그 경험을 통해서 나는 '주님께 나가면 되는구나. 용기 있게 나가면 되는구나. 도와달라고 나가면 예수님이 도와주시는구나!' 하는 귀중한 교훈을 얻었다.

견디고 버티는 믿음으로

그때 예수님은 본래 야이로의 딸을 고치러 그의 집으로 가시는 길이었기에 야이로는 곁에서 혈루병 여인이 치유받는 것을 다 보았다. 그 기적의 현장에 야이로의 집에서 한 사람이 와서 이미 딸이 죽었다고 말한다. 딸이 죽었으면 끝난 것 아니겠는가? 그런데 예수님이 놀라운 말씀을 하신다.

"두려워하지 말고 믿기만 하라"(50절).

그런데 이 말씀을 들은 회당장 야이로의 믿음의 내용이 있다. 흔들리지 않기! 흔들리지 않고 계속 나아가기, 흔들리지 않고 견디기. 이게 회당장 야이로의 믿음이었다. 열두 해 혈루병 앓던 여인에게 용기 있게 나가는 것이 믿음이라고 한다면, 야이로의 믿음은 흔들리지 않고 견디는 것이었다.

교회를 개척한 후 두려움이 컸다. 성도들이 없으므로 재정의 어려움도 있었고 모든 책임이 내게 있다고 느껴졌다. 그때 교회는 단지 내 상가에 있었는데 상가 10층에 우리보다 먼저 교회를 개척하신 선배 목사님이 계셨다.

어느 날 10층 창문을 봤는데 환했다. 본래 강대상이 있어 막혀 있던 곳인데 환하고 창이 다 비쳐 보이길래 목사님이 인테리어를 새로 하셨나 보다 싶었다. 궁금하기도 하고 며칠 전 마주쳤을 때 표정이 어두우셨던 것도 생각이 나서 인사도 드릴 겸 올라갔는데 뜻밖에도 교회 자리가 폐허가 되어 있었다.

상가 월세가 좀 비싼 편이었는데 목사님이 월세를 못 내다가 보증금도 다 없어져서 주인이 나가라고 했고, 교회가 나가야 하는데 철거 비용도 안 나와서 그냥 다 부수는 중이었다. 내려오다가 목사님과 다시 마주쳤다.

"목사님, 어떻게 된 거예요?"

"살다 보면 그런 거죠. 뭐 어쩌겠습니까. 하나님이 길을 여시겠죠."

후에 그 목사님은 시골에 가서 목회 잘하신다고 들었다. 그런데 정작 남아 있는 내가 '교회가 문을 닫는구나. 교회도 문을 닫을 수 있구나' 하고 두려워졌다.

그때 주님께서 계속 말씀하신 것이 '두려워하지 말고 믿기만 하라'였다. 나는 계속 두려웠고 믿음이 이렇게 약하고 부족한데도 붙잡아 주시고 계속 인도해주셨다.

신앙생활 잘하는 첫 번째가 예수님을 아는 것, 예수님이 나를 사랑하신다는 것을 아는 것이라고 한다면, 두 번째는 예수님을 진짜 믿는 것이다. 예수님은 정말 믿을 만한 분이시다. 내가 부족하고 모자라고 믿음이 없어도 나를 인도해주신다.

영의 문이 열리는 은혜의 통로

하나님께서 지으신 모든 것이 선하매 감사함으로 받으면 버릴 것이 없나니 하나님의 말씀과 기도로 거룩하여짐이라 딤전 4:4,5

이 구절 앞에 있는 3절에서는 음식물은 다 깨끗하다고 하고, 이곳 4,5절에서 감사함으로 받으면 버릴 것이 없고 하나님의 말씀과 기도로 거룩해진다고 말씀한다. 그렇다. 말씀과 기도로 깨끗해진다. 그런데 음식만 거룩해지는 게 아니다. 사람도 거룩해진다.

신앙생활은 눈에 보이는 육신의 세계와 보이지 않는 영의 세계를 함께 살아가는 것이다. 그래서 신앙생활을 잘하려면 내게 영의 세계의 문이 열려야 한다.

영의 문이 열리는 은혜의 통로가 뭐라고 생각하는가? 아마 많은 분이 '기도'라고 할 것이다. 맞다. 기도로 영의 문이 열린다. 그런데 더 중요한 영의 문이 있다. 말씀이다.

계속 기도하면 영의 문이 열릴 것이다. 계속 말씀에 집중해서 그 말씀을 따라가고 묵상하면 누구를 만나겠는가? 그 말씀을 하신 주인, 바로 예수님을 만난다.

말씀의 통로

이미 앞의 여러 장에서 언급했는데, 내가 말씀으로 그 은혜를 누리는 방법이 '말씀 읊조리기'다. 몇 년 전, 목회하다가 힘들고 지쳤을 때 한 목사님이 이 방법을 알려주셨다.

처음에 이 두 구절을 늘 읊조리기 시작했다.

아침에 주의 인자하심이 우리를 만족하게 하사 우리를 일생 동안 즐겁고 기쁘게 하소서 시 90:14

주의 말씀을 열면 빛이 비치어 우둔한 사람들을 깨닫게 하나이다
시 119:130

말씀을 몇백 번, 심지어는 1,000번 이상 읊조리며 주님 앞에
계속 엎드렸다. 그런데 변화가 생겼다. 한 4개월 하니까 이상하
게 자꾸 마음에 기쁨이 있었다. 계속 말씀을 읊조렸다.

하늘이 하나님의 영광을 선포하고 궁창이 그의 손으로 하신 일을
나타내는도다 시 19:1

딸아 네 믿음이 너를 구원하였으니 평안히 가라 네 병에서 놓여
건강할지어다 막 5:34

이러한 말씀들을 하루에 한 1,000번 이상 읊조렸다.
한 번 입에 기억이 되면 다행히 또 되므로 거듭 읊조리는 게
그리 어렵지 않다. 밥을 입으로 먹어서 육체가 건강해지듯 말씀
을 입으로 읊조려서 영이 건강해진다.
이렇게 한 덕분에 나는 다 회복됐고, 그래서 정말 추천한다.
성경을 많이 읽는 것도 좋은데 성경을 읽고 이렇게 한 말씀을 가

지고 계속 읊조리는 것은 정말 너무 좋다.

기도의 통로

또 하나의 통로는 기도다. 말씀을 읊조리고 기도하면 정말 영의 문이 열린다.

영의 문이 열리는 통로로서의 기도라고 하면 방언 기도를 생각하는 분이 많을 것이다. 방언 기도는 참 좋은 기도다. 방언은 성경에서 영의 문이 열리는 출입문 같은 은혜와 은사다. 모든 문을 여는 열쇠여서 이 한 가지가 열리면 다른 것들도 열리기 시작한다. 방언 통변은 방언하다가 내 안에 있는 방언이 뭔가 보여지고, 느껴지고, 단어가 나타나고, 해석되고, 말을 듣는 게 열리는 것이다.

믿음으로 믿음에 이르게 된다. 처음부터 온전한 게 아니다. 말씀을 하나씩 묵상하다 깨달아지는 것과 같이, 기도를 계속하면서 방언을 하고, 그 가운데 통변의 은사를 받으면서 하나하나 내 분량을 보고, 또 성령께서 은혜를 주셔서 온전해져 가는 것이다.

그러나 방언 기도만 그런 영의 통로가 되는 것이 아니다. 기도 자체가 영혼의 호흡이고 하나님과의 교제 아닌가. 묵상기도와 통성기도로도 영의 문은 열린다.

묵상으로 기도할 때 깊은 묵상으로 가면 정신이 맑아지고 마음이 깨끗해지는 은혜를 경험하게 된다. 이때 느낌은 세상의 맑음과 깨끗함과는 다른 것을 경험하는데 그게 영의 세계로 들어간 것이다.

나는 성경을 읽고 묵상으로 기도하다가 성경의 세계로 들어간 적이 있다. 그 안에서 보고 느꼈다. 놀랍게도 영의 세계에서도 오감이 살아 있었다.

통성으로 기도할 때 어느 순간 입술의 말이 들리지 않고 생각이 몰입되고 집중되는 순간이 있다. 그리고 그게 계속되면 새로운 세계가 열린다. 한 번은 교회에서 통성으로 기도하다가 환상을 보았다. 무지개가 영롱하게 교회에 가득했다. 신기하게도, 눈을 떴는데도 그게 보였다. 영의 문이 열린 것이다.

신앙생활을 이렇게 하면 놀라운 일이 벌어진다. 말씀으로 인도하는 영의 말씀의 세계, 기도로 인도받는 영의 기도의 세계, 이 말씀과 기도가 화염검이 되어 나를 이끈다. 얼마나 기쁘겠는가? 신앙생활이 정말 기쁘고, 하나님께 영광 돌릴 수 있다.

신앙생활을 어떻게 하면 잘할 수 있을까?

1. 예수님이 누구신지 알아야 한다. 더럽고 추악하고 중독되고 모자라고 믿음 없는 나를 예수님이 먼저 와서 사랑하셨고 손을 내미셨으니 이제 내가 손을 내밀면 된다.

2. 예수님을 정말 믿어야 한다. 우리의 희망은 그분을 믿는 믿음이다. 믿으면 된다. 나아가는 믿음, 끝까지 한결같이 견디는 믿음을 통해 주님이 역사하신다.

3. 말씀을 통해 말씀의 세계를, 기도를 통해서 기도의 세계를 만난다. 두 가지 영의 세계를 만나는 것이다.

Part 2

기도를 배우고 싶어요!

기도를 잘하고 싶어요
기도의 내용과 방법을 알고 기도 습관 들이기

신앙생활을 처음 시작하는 분은 물론이고, 오래 했어도 기도를 잘 못 하고 어려워하는 분들이 꽤 계신다. 기도를 어떻게 하는 것인가부터 쉽게 설명해드리려고 한다.

운동을 배우는 가장 좋은 방법은 최고의 코치에게 배우는 것이다. 기도도 그렇다. 최고의 기도자에게 배우는 것이 가장 정통이고 지름길과 같아서 기도가 급성장할 수 있다. 최고의 기도자가 누구인가? 말할 필요도 없이 바로 예수님이다.

예수님이 하신 최고의 기도는 겟세마네 동산에서 드린 기도라고 생각한다. 이 기도는 기도의 지름길로 가는 방법을 알려준다. 어떻게 하면 기도를 잘할 수 있을까?

장소와 시간을 마련하라

예수께서 나가사 습관을 따라 감람산에 가시매 제자들도 따라갔더니 눅 22:39

예수님이 습관을 따라 기도하기 위해 감람산에 가셨다. 우리도 이처럼 기도가 습관이 될 때까지 훈련하고 연습하는 게 정말 중요하다. 독서나 운동 등 좋은 습관이 많겠지만 최고는 기도다. 기도 하나만 잘 배우고 이것이 습관으로 내 삶에 장착되고 하나의 능력이 된다면 그 인생은 놀랍도록 달라진다. 그래서 기도를 꼭 배워야 하고, 기도가 습관이 되어야 한다.

기도하기 전에 준비할 것들이 있다. 첫 번째는 장소다. 예수님은 기도하기 위해 장소를 먼저 정하셨다. 그곳은 기도하기 좋은 한적한 곳이었다. 기도 장소로는 한적한 곳, 그리고 사람들의 이목이 집중되지 않는 조용한 곳이 좋다.

예수님은 "기도할 때 네 골방에 들어가 문을 닫고 은밀한 중에 계신 네 아버지께 기도하라"(마 6:6)라고 말씀하셨다. 기도 시간이 하나님과 은밀히 만나고 교제하는 시간이라면 은밀한 중에 계신 그분과 만나 교제하는 장소가 너무 필요하지 않겠는가?

골방을 만들어라. 집에 기도 방을 마련하면 가장 좋겠지만 어려운 경우가 많다. 그래도 어떻게든 기도의 공간을 만들어라. 어떤 사람은 옷장 한쪽을 치우고 작은 기도 공간을 만들기도 했다. 어떤 모양으로든 우리에게는 기도의 골방이 필요하다.

나는 새벽에 눈 뜨면 바로 침대에서 엎드려 짧게나마 하나님께 감사기도를 드린다. 설교 전에는 강단으로 나아가기 전에 목양실에서 불을 끄고 오직 하나님께만 내 마음을 드리며 한 1분 정도 "하나님, 지금 강단으로 나아갑니다. 성령님의 은혜가 아니면 저는 한마디도 못 합니다. 성령님, 동행해주세요. 저와 함께 해주시는 것을 믿습니다"라고 기도한다.

직장 등에서 물리적인 공간을 만들 수 없다면 내 시간을 하나님께 드리는 '영적 골방'을 만들 수 있다. 다른 일 하면서 기도하는 것도 귀하고, 안 하는 것보다 백번 낫지만 오직 하나님만을 만나는 장소, 오직 하나님만을 생각하는 교제의 시간을 따로 마련하는 것은 너무 중요하다.

정해진 시간과 장소는 기도의 습관을 만드는 데 아주 유익하다. 하루에 10분 정도 기도하기로 목표를 잡고 동일한 장소와 동일한 시간에 기도해나가면 기도가 습관이 될 수 있다.

중요한 것은 앞에 하는 것이다. 그래서 기도는 되도록 뒤로 미

루지 않는 것이 좋다. 하루를 시작하기 전, 또 하루 일과를 시작하기 전, 직장에 가서 가장 먼저 한 10분 정도 하나님 앞에 헌신하는 시간을 드리면 하나님은 놀라운 것으로 되돌려 주신다.

기도할 장소가 준비되었다면 그다음으로 준비할 것은 겸손한 마음이다. 기도 장소로 나아간 예수님은 하나님 앞에 무릎을 꿇고서 자기를 낮추고 기도하셨다. 우리도 그러길 바란다. 무릎을 꿇을 수 없는 곳이라면 마음을 겸손하게 낮추자. 이러한 준비는 기도에 은혜를 얻고 하나님이 기뻐하시는 기도로 나아가게 하며, 기도를 잘하게 되는 문을 활짝 열어준다.

말보다 마음을 드리는 교제를 하라

기도가 어려운 분들은 입만 열면 기도가 술술 나왔으면 하겠지만 그렇게 기도한다고 그게 다 좋은 기도인 것은 아니다. 예수님은 "기도할 때에 이방인과 같이 중언부언하지 말라 그들은 말을 많이 하여야 들으실 줄 생각하느니라"(마 6:7)라고 하셨다.

사람들은 유창한 기도를 들을 때 "저분 기도 참 잘한다"라고 말하는데 물론 기도를 오래 해오면서 하나님께 편안히 술술 말할 수 있게 된 분들도 많지만, 그런 게 아니라 단순히 입술만 잘 움직이는 것은 좋은 기도라고 할 수 없다.

내 경험으로도, 말을 몇 마디 안 했는데도 마음이 기쁘고 은혜로 충만해지는 기도가 있고 말은 유창하게 술술 기도했는데 내가 하나님과 기쁨으로 교제했다는 느낌이 들지 않는 기도가 있다.

사람과 사람이 만나서 교제할 때 얼굴을 마주 보며 안색도 살피고, 한두 마디 주고받으며 서로의 마음을 확인하고 공감하는 것이 말을 많이 하는 것보다 더 중요하지 않은가?

기도의 교제도 똑같다. 청산유수처럼 말을 잘해도 교제가 되지 않을 수 있으나 마음을 주고받을 때는 은혜가 생긴다. 그러니 머리가 아니라 가슴을 써라. 말에 초점을 두고 기도의 말을 배우려 하기보다 마음을 드리며 하나님과 교제하는 법을 배워라.

내 마음을 하나님께 드리고 그다음에 말을 따라가게 하는 것이다. 고통스러우면 고통스러운 마음을 드리고 그다음에 말을 하는 것이다. "하나님, 너무 힘듭니다" 하면서 말로만 하는 것이 아니라 먼저 마음이 가는 것이다. 기쁨도 그렇다. 기쁜 마음을 먼저 드리고 그다음에 말을 건네는 것이다.

이렇게 하다 보면 고통과 기쁨 외에도 우리가 올려드릴 마음이 아주 많다. 간절함, 감사, 찬양, 슬픔 전부 기도할 때 우리가 하나님께 드릴 수 있는 마음이다.

이렇게 내 마음과 감정을 드리면 그 기도 시간에 크고 작게 뭔가 느껴지는 것이 생긴다. 말을 많이 하면 입이 아픈데 마음을 쓰면 평안하고 마음에 은혜가 차오르며 뭔가 의미가 느껴진다. 특별히 집중하게 되고 몰입된다는 점이 좋다. 기도 시간에 깊이 몰입하게 되면 이 자체가 또 감사와 은혜가 된다.

기도의 호흡법

기도는 응답받으려고 기도 제목 주르륵 읊고 유창하게 말하는 것에 초점을 두면 안 된다. 기도가 술술 나오는 것보다 중요한 것은 기도의 내용이다. 내 마음과 감정을 드리고 나서 기도의 내용, 즉 기도할 것을 알고 그것에 관해 잘 생각한 후 그 생각한 내용에 서술어를 붙여 말하면 기도가 된다.

실제로 기도 안에는 생각해야 하는 시간이 있다. 생각하고, 그 생각한 내용에 "하나님, 도와주세요", "도와주시옵소서", "역사해주옵소서" 등 자기 나름대로 서술어를 붙여 말하는 것이다. 하나님께서 그렇게 자연스럽게 기도를 인도해주신다.

기도는 눈을 감고 하는 거라서 어려운 면이 있다. 오늘 어떤 일이 있었는지 생각해본다고 할 때, 눈 뜨고 하면 어렵지 않은데 눈 감고 하면 잘 안 된다. 그러니 기도할 때는 생각하는 시간이 있다는 사실을 기억하고 마음을 편안하게 갖자.

수영할 때 제일 처음에 배우는 게 발차기가 아니라 "음파, 음파" 하는 호흡법이다. 이것만 익히면 곧 수영이 된다. 이같이 기도에도 기도의 호흡법이 있다. 눈을 감고 생각하고, 생각이 안 나면 좀 기다렸다가 천천히 생각하고, 그 생각한 것을 말하자. 기도의 호흡법이다.

유혹과 시험을 놓고 기도하라

기도의 준비를 마쳤으면 이제 무엇을 놓고 기도할지, 보통 '기도 제목'이라고 얘기하는 '기도의 내용'이 필요하다. "간구할 것을 기도하라", "회개기도로 시작하라" 등 기도의 방법을 알려주는 지침이 많은데 예수님은 무엇을 말씀해주셨을까?

> 그곳에 이르러 그들에게 이르시되 유혹에 빠지지 않게 기도하라 하시고 … 이르시되 어찌하여 자느냐 시험에 들지 않게 일어나 기도하라 하시니라 눅 22:40,46

유혹에 빠지지 않게 기도하고 시험에 들지 않게 기도하라고 하셨다. 우리에게 여러 기도 제목이 있지만 실제로 예수님이 가르쳐주신 기도의 내용 두 가지는 시험과 유혹이다. 유혹과 시험을 놓고 기도하는 것이 기도의 지름길이다.

사람마다 약한 부분이 있는데 그 부분을 놓고 기도해야 한다는 것이다. 예를 들어, 돈에 약한 사람이 있다. 공금을 갖고 있는데 이 돈을 쓸 것 같다면 그것을 놓고 기도해야 한다.

"하나님, 이 돈이 저에게 유혹이 됩니다. 이 돈을 가지고 제가 쓸 수 있을 것 같습니다. 하나님, 어떡하면 좋을까요?"

이렇게 자신의 마음을 있는 그대로 말씀드리는 것이다.

《하나님의 대사》(규장)를 쓰신 김하중 장로님은 주중 대사로 나가기 전 청와대 의전비서관으로 있었다. 대통령이 부르면 즉시 들어가야 하는 자리인데, 그 분은 아무리 부름이 급해도 대통령실에 들어가기 전에 항상 '하나님, 제가 대통령 앞에서 정직하게 얘기할 수 있게 해주십시오'라고 기도했다고 한다.

권력자 앞에 서면 좀 과장되게 부풀려 얘기할 수 있는데 자신이 그것이 시험이고 유혹이었기 때문에 그렇게 하지 않고 정직하게 대답하고 말하게 해달라고 기도했다는 것이다. 참 좋은 모델이라고 생각된다.

하나님의 뜻이 가장 좋다는 것을 믿어라

유혹과 시험이라는 기도 내용을 알았다면, 이제 어떻게 기도할 것인가? 사실 기도의 핵심은 이것이다.

이르시되 아버지여 아버지의 뜻이거든 이 잔을 내게서 옮기시옵소서 그러나 내 원대로 마시옵고 아버지의 원대로 되기를 원하나이다 하시니 눅 22:42

"내 원대로 마시옵고 아버지의 원대로 되기를 원하나이다."
"내 뜻대로 되지 않고 아버지의 뜻대로 되길 원합니다."

한마디로, 하나님의 뜻이 이루어지길 원한다고 기도하는 것이다. '아니, 기도는 내가 소망하고 내가 원하는 것을 하나님께 말씀드리고 응답을 받는 건데 내 뜻이 이루어지지 않고 하나님의 뜻이 이루어지게 해달라니?'라며 당황스러울지도 모르겠다.

여기서 당부드리고 싶다. 내 뜻보다 하나님의 뜻이 훨씬 더 좋다는 것을 믿어야 한다. 우리는 대개 내 뜻만 붙잡고 기도하다가 내 뜻대로 안 되면 거기서 어려움에 빠지고 시험에 든다. 그러나 내 뜻보다 하나님의 뜻이 항상 좋고 선하며, 그것이 내게 모든 문을 여는 열쇠라는 것을 믿기 바란다.

기도를 처음 배우시는 분은 이것을 그냥 완전히 받아들이길 바란다. 그러면 정말 기도가 일취월장한다. 기도가 제자리에 머무는 것은 항상 자기 뜻만 놓고 기도해서 그렇다.

예수님은 "구하기 전에 너희에게 있어야 할 것을 하나님 너희 아버지께서 아시느니라"(마 6:8)라고 하셨다. 하나님이 내 아버지시다. 나를 사랑하고, 내게 필요한 것을 알며, 내게 주기를 원하는 분이다. 그 하나님을 신뢰하라.

혹시 '아시면 빨리 주시면 되잖아'라고 생각할지 모르겠다. 주시는 것이 맞는데 내가 원하고 구하는 것보다 더 좋은 것을 주려고 하신다. 자식을 키우는 부모는 정말 그렇다. 나도 자녀가 뭘 요구하면 그걸 들어보고 더 좋은 것을 주려고 하는데 하나님 아버지께서 이 생각 못 하시겠는가.

하나님의 뜻이 가장 좋은 것이고, 최고의 기도 응답은 하나님의 뜻이 이루어지는 것이다. 그래서 "지금 이 문제에 하나님의 뜻이 이루어지기를 원합니다"라는 기도는 정말 너무 좋은 것이다. 이것을 믿고 가면 기도도 신앙도 크게 성장한다.

하나님을 믿어라. 그분은 정말 온유하시고 우리를 사랑하시는 분이다. 그분은 살리시는 분이지 당신의 인생을 망하게 하시는 분이 절대 아니다.

기도 안에서 가장 먼저 임하는 은혜

이렇게 기도를 준비하고, 기도할 내용을 알고, 하나님이 가장 좋은 것을 주시는 분임을 믿어서 내 뜻 아닌 하나님의 뜻대로 되기를 기도했다면 마지막으로는 기도 안에서 일어나는 현상을 경험하게 될 것이다.

예수님이 '내 원'보다 '아버지의 원'대로 되기를 기도하시자 어떤 일이 일어났는가?

> 천사가 하늘로부터 예수께 나타나 힘을 더하더라 예수께서 힘쓰고 애써 더욱 간절히 기도하시니 땀이 땅에 떨어지는 핏방울같이 되더라 눅 22:43,44

천사가 와서 힘을 더함으로 예수님을 도왔다. 하나님의 뜻이 이루어지도록 기도하면 가장 먼저 일어나는 일은 천사가 와서 힘을 더하는 것이다. 성령님이 내게 힘을 공급하시고 소망이 되신다.

우리가 억지로 어떻게 하겠는가. 안 된다. 하나님은 우리를 아신다. 내가 움직이지 않는 존재라는 것을 아시기에 나에게 은혜를 먼저 주시고 용기도 주신다.

이 겟세마네 기도가 공관복음에 다 기록되었는데 그 중 마태복음과 마가복음에는 예수님의 감정이 아주 힘드셨음을 알 수 있는 구절이 나온다.

세 제자에게 기도를 부탁하며 예수님은 "내 마음이 매우 고민하여 죽게 되었으니 너희는 여기 머물러 나와 함께 깨어 있으라"(마 26:38)라고 말씀하셨다. 마음이 죽게 되었다고 하셨다. 예수님도 힘드셨다.

겟세마네 동산의 기도는 1시간씩 3번 한 것이다. 그런데 주님이 기도를 그렇게 3번 하신 후에 힘을 얻으셨다. 그 힘이 하늘로부터 공급되었고, 예수님의 마음은 완전히 회복되었다.

"하나님의 뜻이 이루어지기 원합니다. 이 문제에 하나님의 뜻이 이루어지기 원합니다. 하나님의 뜻을 이루소서"라고 기도하면 가장 먼저 나타나는 현상은 이렇게 힘이 공급되는 것이다. 소망이 생긴다. 성령님이 공급하시는 힘은 내 마음에서 소망과 희망과 열정으로 경험된다.

나는 올봄부터 유튜브 채널을 개설해 영상을 올리며 말씀을 나누었다. 쉬운 과정은 아니었지만 두 달여 동안 하나님의 은혜로 잘 성장하여 영상을 13개 정도 올리고 구독자는 573명에 이르렀다.

그러던 어느 날, 연습용 영상들을 지우다가 본채널 영상들까지 다 지우는 실수를 하고 말았다. 매일 새벽 기도하고 심방하고 사역하면서 남는 시간을 아껴 몇 달 동안 잠도 못 자고 애쓰며 올렸는데 다 날아가 버리니 너무 낙심되었다.

그럼에도 "하나님, 여기서 중단하든 계속하든 이 결정을 다 하나님께 맡길게요. 하나님의 뜻이 이루어지기 원합니다. 지금 제 어려운 현실에서 하나님의 뜻을 이루시옵소서"라고 기도하자 놀랍게도 하나님이 새 힘을 공급해주셨다. 다시 하고 싶은 용기가 생긴 것이다.

그래서 구독자 0명에서 다시 출발했다. 유튜브는 구독자 0명에서 100명 될 때까지가 가장 어렵다고들 하고, 내가 경험해본 바도 그렇다. 그러나 하나님께서 새 힘을 주셔서 다시 용기를 내어 새로 시작할 수 있었다. 하나님의 뜻이 이루어지게 해달라고 기도하면 힘을 공급받는 은혜를 가장 먼저 누릴 것이다.

말씀 정리

예수님에게 배우는 기도

1. 예수님은 기도가 습관이 되었다. 한적한 곳을 기도 장소로 삼으셨고, 겸손히 무릎 꿇고 하나님을 "아빠 아버지"로 부르셨으며, 유혹받지 않고 시험에 들지 않도록 기도하셨다.

2. 예수님은 자신의 뜻을 내려놓고, 하나님의 뜻이 이루어지기를 구하며 기도하셨다. 그러자 천사가 와서 힘을 공급했다.

3. 이러한 예수님의 기도 모습과 내용이 우리의 기도 태도와 기도 제목이 된다. 기도가 내 삶의 가장 강력한 무기가 되려면 예수님에게 기도를 배워야 한다. 예수님의 기도 모델을 깊이 생각해보고 따라서 기도해보자.

하나님은 어떤 기도를 기뻐하시나요?
하나님의 기쁨이 나에게 격려가 되는 기도

앞 장에서 어떻게 기도를 준비하고 시작할지 생각해보았지만 여전히 어떻게 하면 기도를 잘할 수 있을지 궁금하다. 당연하게도, 기도를 잘하는 방법은 하나님께 은혜를 받는 것이다.

특별히, 하나님이 기뻐하시는 기도가 있다. 이런 기도는 하나님이 반드시 응답하고 은혜를 주시므로 기도 자체가 좋아지게 된다. 특히 '하나님이 이 기도를 기뻐하신다'라는 감동이 오면 큰 격려가 되어 자꾸 기도하고 싶어진다. 이것이 기도를 잘하는 비결이다.

그럼 하나님이 기뻐하시는 기도는 어떤 것일까? 사실 그런 기도를 하는 사람조차도 모를 수 있다. 하나님이 기뻐하시는 기도를 하면서도 자신은 모를 수 있다는 것이다. 많은 기도가 있겠지만, 내가 경험했거나 다른 사람의 기도를 통해 알게 된 '하나님이 기뻐하시는 기도' 세 가지를 나누고자 한다.

묻는 기도

내 아내는 아프리카에서 온 사람들을 위한 사역을 하고 있다. 한번은 임신한 아프리카 자매 한 명이 와서 자기가 먹는 약이 떨어졌으니 구해달라고 했다. 좀 희귀하고 구하기가 쉽지 않은 약인데, 얼마 전 병원에 갔을 때 받아왔으면 될 것을 잊어버리고 와서 이제는 처방전 기한도 지나버렸다고 했다.

아내는 지금 할 일도 많은데 그 자매가 미적거리며 게으름 부리다가 상황을 난감하게 만들어놓고도 아무렇지도 않게 얘기하는 것을 보자 속상하고 부글부글 끓어서 마음 같아서는 '그냥 확, 해주지 말까' 싶었다고 한다.

하지만 문득 '하나님은 어떻게 하기 원하실까?' 하는 생각이 들어 잠시 '제가 어떻게 하면 좋을까요?' 하고 기도를 드렸고, 하나님의 은혜로 그 자매를 데리고 병원에 가서 일을 잘 해결하고 올 수 있었다.

그날 저녁, 사역자들이 줌(zoom)으로 모여서 기도할 때 하나님께서 '내가 너의 기도를 기뻐한다'라는 감동을 주셨다고 한다. 낮에 그 자매 때문에 속상하고 언짢았지만 잠깐 멈춰서 하나님께 어떻게 하면 좋을지 여쭤보던 장면을 하나님이 보여주셨는데 그때 기쁨이 확 올라오면서 마음으로 깨달아졌다는 것이다.

"나는 하고 싶지 않았지만, 내 생각을 내려놓고 하나님께 여쭤보고 하나님의 뜻을 따르려고 했던 그 기도를 하나님이 기뻐하신 것 같아요. 그게 하나님을 경외하는 거였고 하나님이 그것을 기뻐하셨다고 마음에 감동을 주셨어요."

하나님은 우리가 그분께 여쭤보는 것을 기뻐하신다. 살다 보면 하기 싫은데 해야 할 때가 있다. 그럴 때 내 마음대로 안 해버릴 수도 있지만 그래도 "하나님, 사실 제가 정말 싫은데 어떻게 하면 좋을까요?"라고 여쭤보면서 그분의 생각을 들으려 하고, 조금이라도 순종하려 하면 그 마음을 하나님이 기뻐하신다.

이것을 가장 잘한 사람이 다윗이다. 그는 전쟁 중에도 하나님께 물었다. 사무엘상 23장에서 블레셋 사람이 그일라를 치자 그는 사울을 피해 도망 중이라 자기 코가 석 자인데도 먼저 하나님께 "내가 가서 이 블레셋 사람들을 치리이까" 하고 물었다.

하나님께서 "가서 블레셋 사람들을 치고 그일라를 구원하라" 하셨는데 사람들은 반대했다. 하나님은 보이지 않고 사람들은 많으니 다수의 의견에 동조해서 그것을 따를 수도 있을 텐데 다윗은 다시 하나님께 물었다. 급하게 결정하지 않고 하나님께 묻기. 그는 그것을 너무 잘했다.

다윗이 여호와께 다시 묻자온대 여호와께서 대답하여 이르시되

… 삼상 23:4

작은 생각이라도 물어라

하나님과 교제하고 동행하면서도 이럴 때가 있다. 나는 너무 싫은데 하나님은 분명히 "용서하라. 사랑하라. 주라" 하실 것 같아서 아예 생각조차 하기 싫고 '나 안 해요. 안 갈 거예요' 하며 마음이 닫힐 때. 가더라도 그 거부하는 생각을 안고 갈 때….

나도 그런 적이 종종 있었는데 어느 순간 '하나님, 어떡하면 좋을까요…'라고 했다. 기도라기보다는 그냥 생각한 것에 가까웠는데도 하나님은 그 생각을 딱 잡아서 나와 하나님 사이에서만 주시는 특별한 깨달음의 방법으로 나를 설득하셨다.

한 예를 들면, 책장에서 수많은 책 제목들 중 "가라"와 "친밀함"이 보이면서 '가서 친밀하게 지내라는 건가?' 이런 식으로 자꾸 연결되는 것이다. 그렇게 많이 역사하셨기 때문에 나는 그게 하나님이 지금 내게 말씀하시는 은혜라는 것을 깨닫는다.

그렇게 하나라도 깨달아지면 다 풀려서 나중에는 설득이 돼서, 감사함으로 가게 된다. 그런 일을 겪다 보니까 믿음이 생겼

다. 지금 못된 마음으로 살고 있지만, 하나님의 때가 되면 하나님이 내 마음을 변화시켜주실 거라고. 내가 아니라 하나님을 믿는 그 믿음이 생겨서 하나님 때문에 나는 바른길로 갈 거라고.

마음이 닫혀서 하기 싫고 내 뜻을 고집하고 싶을 때, 그저 조금 돌이켰을 뿐 마음이 다 열리지는 않았더라도 그래도 어떻게 하면 좋을지 여쭤보면 하나님은 기뻐하시며 내가 살짝 연 그것을 딱 잡아서 귀하게 쓰신다. 나는 그런 하나님을 바라보면서 기쁘기도 하고, 그분이 존경스럽고 따라가고 싶어진다.

처음부터 100퍼센트 순종하는 마음으로 하는 사람은 드물다. 괜찮으니 기도할 때 "하나님, 어떻게 하면 좋을까요?" 하고 자꾸 물어라. 하나님이 묻는 마음, 듣는 마음을 기뻐하시니 부족한 믿음이라도 그 작은 믿음 하나를 붙잡아 은혜를 주실 것이다.

말씀으로 하는 기도

우리의 기도 제목은 지금 겪고 있는 고난과 어려움의 문제가 대부분이고, 말씀을 붙잡고 기도하는 경우는 그리 흔치 않다. 그런데 하나님은 말씀으로 기도하는 것을 기뻐하신다.

밤새도록 물고기 한 마리도 못 잡은 베드로는 예수님이 깊은 데로 가서 그물을 내려 고기를 잡으라고 하시자 "선생님 우리들이 밤이 새도록 수고하였으되 잡은 것이 없지마는 말씀에 의지하여 내가 그물을 내리리이다"(눅 5:5)라고 대답한다.

말씀에 의지하여 할 것이 그물 내리는 것뿐이겠는가? "말씀에 의지하여 기도하리이다" 이것도 너무 중요하다.

말씀에 관한 성경 구절

나 또한 하나님의 말씀으로 기도하고 싶어서 성경에서 '말씀'이라는 단어가 나오는 곳을 찾기 시작했다. 특별히 시편 119편이 다 말씀에 관한 내용인데 그중 130절이 눈에 확 들어왔다.

주의 말씀을 열면 빛이 비치어 우둔한 사람들을 깨닫게 하나이다

말씀의 능력이 너무 좋아서 읊조리며 이렇게 상상해보았다.

"주의 말씀을 열면"(목사인 내가 성경을 펼치면)

"빛이 비치어"(성경에서 영적인 진리의 빛이 나와서)

"우둔한 사람들을 깨닫게 하나이다"(그 빛이 사람들에게 내려 주의 말씀을 깨닫게 한다)

'목사가 이렇게 말씀을 딱 열면 빛이 비쳐서 우둔한 사람들을

깨닫게 한다⋯.' 그렇게 상상하며 계속 이 말씀을 읊조리며 기도하는데 이 기도의 은혜가 자꾸 임하는 것 같았다. 말씀을 열면 진짜 빛이 비치는 느낌이 들고 말씀이 점점 좋아졌다.

말씀을 붙잡고 하는 기도를 왜 기뻐하실까? 그 말씀을 믿고 하는 기도, 말씀을 적게라도 의지하는 기도여서가 아닐까? 내 생각을 내려놓고 하나님의 뜻을 묻는 기도를 기뻐하시듯, 말씀을 의지해서 말씀을 믿고 기도하며 그 말씀을 따라가고자 하는 마음을 기뻐하시는 것 같다.

그래서 나는 평소에도 "주의 말씀을 열면 빛이 비치어 우둔한 사람들을 깨닫게 하나이다"라고 읊조리고, 성경을 읽기 전에도 이 말씀으로 기도한다.

말씀 자체가 기도인 성경 구절

여호와여 나의 부르짖음이 주의 앞에 이르게 하시고 주의 말씀대로 나를 깨닫게 하소서 시 119:169

말씀 자체가 기도인 구절들이 있다. 마음에 감정과 의지를 실어 이런 말씀을 계속 읊조리다 보면 느낌이 더 살아나면서 읊조리는 것 자체가 나의 기도가 된다.

"여호와여 나의 부르짖음이 주의 앞에 이르게 하시고 주의 말씀대로 나를 깨닫게 하소서. 여호와여 나의 부르짖음이 주의 앞에 이르게 하시고 주의 말씀대로 나를 깨닫게 하소서. 주의 말씀대로 나를 깨닫게 하소서. 생각, 감정까지 주의 말씀대로 나를 깨닫게 하소서…."

이렇게 기도하자 기도가 주님 앞에 가서 응답되는 경험을 자꾸 하게 되고 말씀이 깨달아졌다. 나는 정말 이것이 말씀대로 기도를 드려서 그렇다고 믿는다.

미리 고백한 말씀의 위력

구약에서 가장 고난의 사람, 인내의 사람은 욥일 것이다. 욥은 재물도 자녀도 다 잃는 재앙을 당했을 때 이렇게 반응한다.

이르되 내가 모태에서 알몸으로 나왔사온즉 또한 알몸이 그리로 돌아가올지라 주신 이도 여호와시요 거두신 이도 여호와시오니 여호와의 이름이 찬송을 받으실지니이다 하고 이 모든 일에 욥이 범죄하지 아니하고 하나님을 향하여 원망하지 아니하니라

욥 1:21,22

원망할 만한 상황이 아니라 절망하며 울부짖을 상황인데도 "주신 이도 여호와시요 거두신 이도 여호와시니 여호와의 이름이 찬송을 받으실지니이다"라고 말한다.

나도 그 말씀으로 고백해봤더니, 그때는 잃은 게 없는 때인데도, '모든 것이 사라져도 입술로 죄를 범하기보다는 하나님을 찬양해야겠다'라는 마음이 차올랐다.

그러다 실제로 힘든 일이 생겼는데 그때 말씀의 위력을 경험했다. 이 말씀을 읊조리며 기도하자 '그래. 하나님이 다 주신 것이고, 하나님이 취하신 것인데 내가 하나님의 이름을 찬송해야지…'라는, 내 힘으로 할 수 없는 감정과 생각이 일어나며 마음에 위로가 임했다.

말씀 앞으로 내 생각과 감정을 끌고 나가니까 말씀이 그것들을 변화시켰다. 말씀으로 하는 기도는 너무 좋은 기도다.

사람 때문에 힘들 때

아사가 그의 하나님 여호와께 부르짖어 이르되 여호와여 힘이 강한 자와 약한 자 사이에는 주밖에 도와줄 이가 없사오니 우리 하나님 여호와여 우리를 도우소서 우리가 주를 의지하오며 주의 이름을 의탁하옵고 이 많은 무리를 치러 왔나이다 여호와여 주는 우리 하나님이시오니 원하건대 사람이 주를 이기지 못하게 하옵소서 하였더니 대하 14:11

이 말씀은 지금 우리는 너무 적고 적군은 많은데 우리가 하나님과 함께 가니 '저 사람들'이, 즉 적군이 주님과 우리 편을 이기지 못하게 해달라는 기도다.

그런데 이 말씀을 읽다가 '주를 이기지 못하는' 대상에 나도 포함되어 있다는 것을 깨닫자 이런 기도가 나왔다.

"그 사람이 저예요, 저. 제가 주님을 이기지 못하게 해주세요. 하나님, 사람이 주를 이기지 못하게 하옵소서. 제가 주를 이기지 못하게 하옵소서…."

내가 계속 고집부리고 성경과 대치되는 마음과 생각을 가질 때, 그래서 나를 꺾고 싶을 때면 이 말씀으로 기도한다.

그런데 이 기도가 중보로도 나아갔다. 기도 제목을 주는 배우자나 자녀, 지인 등을 생각하며 이렇게 기도하는 것이다.

"사람이 주를 이기지 못하게 하옵소서."

"남편이 주를 이기지 못하게 하옵소서."

"○○가 주를 이기지 못하게 하옵소서…."

놀랍게도, 말씀을 붙잡고 기도하면 기도가 흔들림이 없어지고, 점점 말씀대로 믿어진다. 능력이신 말씀이 내 마음과 생각을 이끌어가신다.

겸손하게 드리는 기도

하나님은 겸손하게 드리는 기도를 기뻐하신다. 성경적인 겸손과 교만의 의미를 알고자 묵상하며 여쭤볼 때 주님이 누가복음 18장의 '바리새인과 세리의 기도'를 떠올리게 해주셨다.

또 자기를 의롭다고 믿고 다른 사람을 멸시하는 자들에게 이 비유로 말씀하시되 눅 18:9

이 비유의 대상은 "자기를 의롭다고 믿고 다른 사람을 멸시하는 자들"인데 여기서 하나님은 '멸시'라는 단어를 주목하게 하시며 '남을 멸시하는 자가 교만한 자다'라고 하셨다. 교만은 내적으로는 자기를 의롭다고 믿으면서 외적으로는 다른 사람을 멸시하는 태도로 나타난다.

이것을 보면서 그동안 내가 얼마나 교만으로 기도했는지를 생각하게 됐다. 사실 기도하다가 좀 비판적인 단어를 쓸 때가 있다. 화가 나서 기도하고 감정적으로 기도하는 것도 다 비판하는 기도인데 판단하는 내게 남을 멸시하는 마음이 있었다.

비판은 나는 잘하고 있다는 생각에서 나온다. 우리는 다른 사람을 비판하고 깎아내려야 내가 올라간다고 생각하는데(사실 이것은 자기가 약하다는, 약함의 표현이다) 이렇게 판단하고 비판하는 기도가 교만한 기도다.

그렇다면 겸손한 기도는 어떤 기도인가. 세리의 기도다. 그는 가슴을 치며 "주여, 나는 죄인입니다. 저를 불쌍히 여기소서"라고 기도했다. 자기가 죄인이라 고백하며 한없이 낮은 자리에서 자신을 불쌍히 여겨 달라고 기도할 뿐, 자기가 의롭다고 생각하거나 남을 멸시하지 않았다. 겸손한 기도는 죄인의 자리에서 하나님의 은혜만을 구한다.

언제 이렇게 겸손한 기도가 나올까? 죄를 지었을 때다. 죄를 지으면 낮아진다. 그때는 기도도 잘 안 나온다. 죄가 반복되면 더 안 나온다. 아무 소리도 못 하고 그냥 멍해진다.

그러다 정신이 조금씩 들면 '내가 어리석은 인간이구나. 내가 정말 타락한 인간이구나' 하면서 내가 완전히 부패한 인간이라는 것을 알게 된다. 죄가 주는 가장 큰 유익은 내가 누구인지 알게 되는 것이다.

그때는 큰 소리도 안 나오고 그저 '나는 타락한 존재라서 정말 나를 이끌어줄 구원자가 필요하다'라는 심정이 된다. 그 구원자가 누구겠는가? 예수님이다. 결국 '나는 주님이 필요하다'라는 생각에 이르게 된다. 죄가 주는 또 하나의 유익은 구주가 필요하다고 고백하게 되는 것이다.

겸손한 죄인에게 주시는 은혜

죄인이 죄를 깨닫고 구원자를 찾게 되면 신기한 일이 일어난다. 완전히 밑바닥에 있을 때는 기도도 안 나오는데 조금 지나면 갑자기 하나님이 은혜를 주셔서 이렇게 기도가 나온다. '하나님, 잘못했어요. 다시 해볼게요. 제가 잘못했어요. 용서해주세요.' 회개가 나온다.

회개는 하나님이 죄인에게 은혜를 주셨기 때문에 나오는 것이다. 이런 은혜가 반복된다. 하나님이 죄인에게 값없이 은혜를 주신다. 일부러 죄짓고 은혜받으라는 얘기가 아니다. 하나님이 죄 가운데 있는 사람들을 불쌍히 여기시는 것이다. 그들에게 구원이 필요함을 아시고 붙잡아주신다.

지금은 소천하신 한 목사님이 소천하기 몇 해 전, 소리도 잘 안 나오는 몸으로 떠듬떠듬, 짧게 이런 이야기를 들려주셨다. 목사님은 "하나님, 저는 바보 같은 사람입니다. 어리석은 사람입니다. 천치입니다"라고 기도했는데 하나님이 "네가 바보 같은 존재이고 어리석은 존재인 걸 안다. 그렇기 때문에 내가 너를 세우고 쓴 것이다"라고 대답하시고는 이사야서 41장 14,15절 말씀을 보여주셨다고 한다.

지렁이 같은 너 야곱아, … 보라 내가 너로 이가 날카로운 새 타작 기계를 삼으리니 네가 산들을 쳐서 부스러기를 만들 것이며 작은 산들로 겨 같게 할 것이라 사 41:14,15 개역한글

그리고는 '네 삶이 지렁이 같지만 너를 견고하게 세워서 날카로운 타작 기계로 삼겠다. 그래서 다른 것들을 부수는 강력한 기계로 만들겠다'라는 감동을 주셨다는 것이다.

너무 겸손한 모습이었다. 그 분은 정말 본인이 못났다고 믿었고, 자기가 잘나서가 아니라 어리석은 자신을 하나님이 들어 쓰신 것을 그렇게 삶의 마지막에서까지 하나님 앞에 고백하고 떠나셨다. 그 분이 왜 쓰임 받았는지 알 것 같았다.

우리가 낮은 마음으로 이렇게 기도하며 산다면 얼마나 많은 것을 배우고, 얼마나 겸손하게 주님께 영광을 돌리며, 사람들에게도 기쁨이 될까. 당신도 꼭 이렇게 기도해보시기를 바란다. 성령님이 은혜를 주실 것이다.

말씀 정리

하나님이 기뻐하시는 기도

1. 하기 불편하고 어렵지만, 나를 내려놓고 진심으로 하나님의 뜻을 묻는 기도

2. 말씀을 붙잡고 그 말씀을 믿고 의지해서 하는 기도

3. 자기가 의롭다고 믿고 다른 사람을 멸시하는 교만한 기도가 아니라, 자기가 정말 죄인이라는 것을 확실하게 아는 겸손한 기도

힘들고 막막할 때 어떻게 기도할까요?

막히고 멈춘 기도 다시 시작하기

기도에는 인생을 변화시키는 힘이 있어 나를 변화시키고 주변을 변화시킨다. 더 나아가 포기하고 절망한 인생도 살린다. 기도를 통해 하나님께서 역사하시기 때문이다.

그러나 힘들고 절망적인 일이 계속되거나 너무 많이 일어나면 너무 기가 막혀 기도가 안 되고 막막해진다. 그렇게 기도가 멈춘 채 오랜 시간이 흐르면 어느 순간에는 기도하고 싶어도 기도가 나오지를 않는다. 이렇게 힘들고 어려운 상황에서 어떻게 다시 주를 붙잡고 기도할 수 있을까.

마태복음 15장과 마가복음 7장에 나오는 수로보니게 여인은 성경에서 가장 열악한 환경에서 최고의 기도 응답을 받은 사람일 것이다. 특히 그녀의 이야기는 기도의 힘을 보여주며, 기도가 막혔을 때 어떻게 기도하고 어떻게 응답을 받을 수 있는지, 닫히고 막힌 기도에 어떻게 다시 불을 붙일 수 있을지를 알려준다.

예수님 앞에 엎드려 소리 질러라

이에 더러운 귀신 들린 어린 딸을 둔 한 여자가 예수의 소문을 듣
고 곧 와서 그 발아래 엎드리니 막 7:25

예수님이 두로와 시돈 지방에 가셨을 때 헬라인이요 수로보
니게 족속인 가나안 여자 하나가 나와서 예수님 발 앞에 엎드렸
다. 말문도 막히고 기도도 안 나오는데 무엇을 할 수 있겠는가.

기가 막히는 일이 일어났든지 기도를 너무 오랫동안 안 했다
든지 해서 기도의 문이 막혔을 때는 일단 엎드려라. 엎드려서 자
든지 쉬든지 하더라도, 주님의 발 앞에서 그분께 시간을 드리고
내 마음을 드리는 게 기도의 출발이다. 그때부터 하나님께서 은
혜를 주신다.

그런데 그때 소리는 지를 수 있다. 같은 사건을 언급한 마태복
음에서는 그 여자가 소리를 질렀다고 기록했다. 제자들이 "그 여
자가 우리 뒤에서 소리를 지르오니 그를 보내소서"(마 15:23)라
고 청할 정도였다.

너무 기가 막히면 차분히 얘기는 못 해도 소리는 지르지 않는
가. 힘들고 기도의 문이 막힐 때는 묵상으로 침묵으로 기도하면

안 된다. 막 소리 질러야 한다. 엎드려 소리 질러라. 울부짖어도 괜찮다. 마음에 있는 걸 다 쏟아부어라.

속상한 감정을 누구에게 말하겠는가. 생각보다 말할 대상도 없고, 있다고 해도 사람의 위로에는 한계가 있다. 그러니 하나님 앞에 가서 문을 닫고, 골방이 없으면 차 타고 나가서라도 소리 질러라. 그러다가 터지고 기도의 문이 열린다. 혹시 아는가. 그러는 중에 하나님께서 방언의 은혜도 주실지!

나는 대학 입시에 실패하고 입대했다가 제대 후 2년간 직장을 다녔다. 그런 후 대학에 들어가고 싶은 소원이 생겨서 2월에 입시 학원에 등록하고 다시 공부를 시작했다. 머리도 깎고 4시간 정도만 자면서 열심히 했는데 3월 모의고사에서 320점 만점에 153점을 받았다. 사람의 점수가 아니었다.

실망했지만 처음이니까 그럴 수 있다고 생각하며 계속 열심히 공부했다. 그런데 그 후 여름까지 6개월이 지나도록 10점이 오르지를 않자 너무 상심하고 좌절이 되었다. 그래서 어느 날 밤, 3수생인 한 동생과 학원 앞 공원 벤치에서 밤새도록 술을 마시다 인사불성이 되었다.

그런 나를 집으로 데려가려고 동생 한 명이 급히 와서 둘이 부축했다. 나는 소리 지르다가 울다가 아주 가관이었는데 그러다 지금도 기억에 남는 순간이 있었다. 그때 내가 소리소리 질렀다.

"하나님, 학생 되는 게 소원입니다! 학생 되고 싶어요! 왜 저는 안 됩니까? 왜 저는 이렇게 안 됩니까!"

남은 기간에 하나님께서 놀라운 은혜를 주셔서 한 100점 정도가 올라 대학에 들어갈 수 있었는데, 한 번은 기도 가운데 '내가 어떻게 해서 이렇게 은혜를 받고 대학에 들어왔을까' 생각할 때 하나님께서 그 인사불성의 장면을 보여주셨다.

'내가 너의 기도를 들었다.'

나는 기도한 게 아니라 소리 지르고 악을 쓰며 발광한 건데 하나님은 내 기도를 들었다고 하셨다. 참 기가 막힌 은혜였다.

한 가지 기도 제목을 붙잡아라

이 여인이 소리 지르는 내용은 자기 딸이 흉악한 귀신 들렸으니 귀신을 쫓아내 달라는 것이었다. 남 부러울 것 없던 사람이 흉악한 귀신 들린 어린 딸 때문에 인생이 나락에 떨어졌다. 얼마나 기가 막히겠는가.

가족 중에 정신적인 문제 있는 사람이 한 명 있으면 가족 전체가 정신질환 앓는 사람과 똑같은 시선을 받는다. 집에 들어와도

괴롭고, 밖에 나가도 "저 집에 문제 있어", "○○가 정신이 온전하지 않대", "미쳤대" 그런 말 자꾸 들으면서 미칠 지경이 된다. 나도 당해봤지만 사람들의 말이 얼마나 폐부를 찌르고 고통을 주는지 모른다. 교인이라고 다르지 않다. 교회 안에서도 그런 시선을 받으면 정말 괴로움이 크다.

그런데 예수님이 "나는 이스라엘 집에 잃어버린 양 외에는 다른 데로 보내심을 받지 아니하였노라"(마 15:24)라고 거절하신다. 그럼에도 이 여인이 물러서지 않는다.

여자가 와서 예수께 절하며 이르되 주여 저를 도우소서 마 15:25

이 말은 정말 훌륭한 화살기도(화살처럼 쏘아 올려져 간다고 해서 화살기도)다. "주여, 저를 도우소서" 이것 이상의 간절한 말이 또 있겠는가. 기도 제목은 하나밖에 없었다. 이 말만 반복하는 것이다.

성경에서 특별히 예수님에게 나아와 간구하는 사람들의 특징이 하나 있다. 그들은 두 가지 기도 제목을 갖고 오지 않았다. 이 가나안 여인 또한 "제 어린 딸이 흉악한 귀신 들렸으니 고쳐주세요. 그리고 저도 마음이 아픕니다. 저도 고쳐주세요"라며 이것저것 늘어놓지 않았다. 하나밖에 없었다. 하나의 간절함으로 하나의 기도 제목을 붙잡고 나왔다.

사실 우리의 신앙생활을 봐도, 간절한 게 여러 개 있는 것 같지만 가만히 생각해보면 딱 하나의 간절함이 다른 문제를 일으킨다. 바로 그 문제를 품고 나아가는 것이다.

또한 이 여인은 자리를 뜨지 않고 거기서 버텼다. 자리를 뜨지 않고 버티면서 계속 간구하는 것이 이 여인에게서 배워야 할 너무 귀한 모습이다.

하나님이 응답을 안 하시는 것보다 내가 응답받을 때까지 버티면서 간구하는 모습이 너무 부족한 게 아니었는지를 돌아볼 필요가 있다. 주님이 외면하시는 것이 아니고 시간이 필요한 것이니 주님 앞에 엎드려 그 기도 제목 붙잡고 계속 그 자리에서 버텨라.

은혜받을 때까지 기도의 자리를 뜨지 말라

목사로서 죄송하고 이해를 부탁드리고 싶은데, 10년이 넘도록 매일, 매주 설교를 준비하다 보면 어느 순간 말씀을 봐도 잡히는 것이 아무것도 없어 말할 것이 없어진다.

그러면 붙잡고 씨름하다가 잠시 쉬고, 또 붙잡고 씨름하기를 반복한다. 그러다가 몇 시간 뒤에라도 말씀이 주어지면 너무 감사한데, 주일 아침이 되도록 주시는 말씀이 없어 전할 메시지가 없을 때가 있다.

심지어는 설교문을 다 준비해 타이핑까지 다 해놨는데도 이게 아닌 것 같을 때도 있다. 결국 강단에 올라갈 때에야 말씀을 주실 때도 있는데 그래도 주셨기 때문에 너무 감사하고, 그것을 가지고 나아간다.

기도도 똑같은 것 같다. 기도 제목 하나를 붙잡고, 하나님 앞에서 응답과 은혜를 간구한다면 거기서 물러서지 말라. 하나님과 대결하라는 게 아니라 자리를 뜨지 말라는 뜻이다.

기도했다 안 되면 좀 쉬었다가 다시 기도하고, 그래도 안 되면 좀 쉬었다가 물 한 잔 마시고 또 기도하고, 오늘 안 되면 좀 쉬었다가 내일도 기도하고 그렇게 계속 나아가자.

기도의 자리를 뜨지 않고 그 기도 제목을 놓지 않으면 하나님은 어떤 식이든지 반드시 말씀하신다. 정말이다. 나는 이것을 정말 확신한다. 말씀의 은혜 주시는 것과 기도의 응답 주시는 게 똑같다. 그러니 자리를 뜨면 안 된다. 버텨야 한다. 버티는 게 쉽지 않고 생각보다 어렵지만 해내야 한다.

태백에서 1년 정도 교육전도사를 하는 동안, 하나님이 일정 기간이 지난 다음에 은혜 주신다는 사실을 새벽기도를 통해 깨달았다. 그때는 집이 일산에 있어서 토요일에 교회로 가서 주일 새벽예배를 드리고 주일 사역을 감당한 후 월요일에 돌아왔다.

첫날 기도하는데 한 20분 지나고 25분, 30분 정도 지나니까 마음에 은혜가 임했다. "감사합니다, 주님. 오늘 열심히 사역하겠습니다" 하고 그날 사역을 잘 감당했다. 그다음 주에도 새벽예배를 드리는데 거의 30분 되니까 은혜가 되었다.

그런데 그다음 주에는 느낌에 20분 정도 지난 것 같은데 아직 은혜가 없었지만 좀 바빠서 은혜가 없는 채로 일어나야 했다. 그다음 주에 엎드렸을 때 그 생각이 번쩍 나며 '아, 내가 하나님의 은혜를 받으려면 시간적인 헌신이 필요하다' 하고 깨달았다. 그래서 그 자리를 지키며 기도하는데 여지없이 30분 정도 되니까 또 은혜가 되었다. 그 후로도 마찬가지였다.

그런 일련의 과정을 통해 알게 되었다. 하나님 앞에 은혜를 받으려면 일어나지 말아야 한다는 것을. 하나님이 은혜를 주실 때까지 기도의 자리에 엎드리고 앉아있어야 한다. 그것이 꼭 필요하다. 하나의 기도 제목을 붙잡고서 일어나지 말고 계속 말씀드리라. 그리고 이 기도 제목을 내려놓지 말라.

작은 것이라도 구하는 간절함

이 여인을 통해 또 하나 배워야 할 것은 "작은 것도 좋습니다. 어떤 것도 좋습니다. 부스러기 은혜라도 주시면 너무 감사하겠습니다. 작은 거라도 주시면 그것 가지고 살겠습니다"라는 간절함이다.

수로보니게 여인이 "나를 불쌍히 여기소서"라며 간절히 외쳐도 침묵하시던 예수님은 그녀가 떠나지 않고 계속 도와달라고 청하자 "자녀의 떡을 취하여 개들에게 던짐이 마땅하지 아니하니라"(마 15:26)라며 여인을 '개'로 표현하셨다.

그동안 이 본문으로 "이렇게 굴욕적인 표현을 들었을 때 너무 기분이 나빴을 텐데 이 여인은 '주여 옳소이다마는 개들도 제 주인의 상에서 떨어지는 부스러기를 먹나이다'라고 위대한 신앙고백을 했으니 대단한 사람"이라는 설교를 많이 했었다.

물론 그런 부분도 있는데, 본문을 원어로 보다가 새로운 것을 깨달았다. '개'라는 단어를 원어로 찾아보면 사나운 개, 들개를 가리키는 단어도 있지만, 이 본문에 쓰인 헬라어 '퀴나리온'(κυνάριον)은 작은 개, 집에서 키우는 강아지들을 뜻한다.

자녀의 떡을 취하여 개들에게 던짐이 마땅치 않다는 예수님의 말씀이 글로 읽을 때는 매몰차게 느껴질 수도 있으나 이 원어

표현을 보았을 때 나는 예수님이 여인에게 힌트를 주신 것으로 느껴졌다.

딸이 귀신 들려서 이 여인은 이미 바닥으로 떨어졌다. 보이는 게 없었고, 자존심이고 뭐고 없이 다 버렸다. 그 자신도 개처럼 울부짖었다. 여인의 부르짖음은 내용이 없는, 그냥 소리였다. 그녀 자신은 이미 개 취급을 받는 개와 같은 존재였다.

그런데 예수님이 집안에서 기르는 개를 생각나게 하셨다. '자녀의 떡'이란 응답 아니겠는가. 아마도 그녀는 자기 신세를 떠올리며 이렇게 생각했을 것이다. '그래, 나는 개 맞다. 개면 어때? 내 딸이 나을 수만 있다면 개면 어때?' 그래서 "주여, 옳소이다" 하고 나선 것이다.

"주님 말씀이 옳습니다. 주님, 제 신세와 처지 아시죠. 제가 '개'입니다. 개처럼 취급받았습니다. 하지만 이 개와 같은 저도 주인의 상에서 떨어지는 부스러기는 먹습니다."

나도 집에서 닥스훈트 한 마리를 키우는데 내가 밥을 먹으면 이 녀석이 밑에 앉아서 나를 빤히 쳐다보며 그 눈빛으로 '조금만 주세요. 조금만 주세요'라고 내게 얘기한다. 얼마나 간절하게 바라보는지 뭐 하나 안 주면 내가 견딜 수 없어서 자꾸 간식을 주다가 녀석을 돼지훈트로 만들고 말았다.

그 간절한 강아지 눈빛을 보면서 나를 돌아보게 되었다. 나는 예수님 앞에 이렇게 간절하게 바라보고 있는지. 주님 아니면 안 된다고, 주님이 살려주셔야 한다고, 작은 거라도 힌트를 주시면 내가 그거 갖고 살겠다고…. 그것을 배워서 요즘은 설교 준비할 때마다 '하나님, 작은 힌트만 주세요, 작은 힌트만…. 그거 가지고 설교할게요'라고 말씀드린다.

기도도 그렇지 않겠는가. 예수님이 여인의 얼굴을 보셨을 것 같다. 엎드려서 개처럼 바라보는 여인의 그 갈망하는 눈빛, 살려 달라는 눈빛, 조금이라도 은혜를 달라는 그 눈빛을 외면하실 수 없었을 것 같다.

그리고 이때 여인이 "주여"라고 했는데 여성으로서는 최초의 신앙고백이다. 제자들도 마가복음에서는 예수님에게 "선생님"이라고 했지 "주여"라고 부른 적이 없다.

예수님이 "여자여 네 믿음이 크도다 네 소원대로 되리라"(마 15:28)라고 말씀하신다. 이 여자의 믿음이 무엇이겠는가? 예수님 아니면 안 된다는 믿음, 예수님이 조금만 주셔도 딸이 낫는다는 믿음. 예수님 말씀의 능력을 믿는 그 믿음이다.

기도의 문이 막혀 기도를 못 할 때

1. 가장 먼저 할 일은 엎드리는 것이다. 시간을 드리는 것이 출발이다. 말도 잘 안 나오고 답답할 때는 주님께 소리를 질러 마음을 쏟아내라.

2. 기도 제목을 여러 가지 붙잡지 말라. 가장 간절하고 응답받기를 소원하는 것 하나만 붙들고 버티며 계속 나아가라.

3. 강아지를 기억하라. '주님, 한마디라도 무슨 말씀을 주세요. 제가 그거 갖고 살게요. 작은 은혜라도 주세요. 힌트라도 주세요. 조금이라도 은혜 주시면 제가 그 부스러기 은혜 갖고 살겠습니다'라는 간절함으로 주님을 바라보라.

길고도 깊은 기도로 나아가고 싶어요
기도 중에 오는 낙심의 문제 해결하기

많은 사람이 기도에 대해 갖는 소망은 기도를 '잘하는' 것 못지않게 지금보다 좀 더 오래 기도하는 것, 그리고 깊은 기도로 들어가서 하나님의 임재를 체험하며 그분과 교제하고 은혜를 받는 것이리라 생각된다.

더 오랜 기도, 더 깊은 기도로 나아갈 수 있다. 그런데 암초가 하나 있다. 바로 기도 중에 오는 '낙심'이다. 이 낙심의 문제를 해결하면 깊은 기도로 나아갈 수 있다.

예수님은 누가복음 18장 1-8절에서 과부와 불의한 재판장의 이야기를 통해 낙심하지 말라고 말씀해주신다. 어떻게 하면 낙심의 문제를 말씀 안에서 해결하여 깊은 기도에 들어가고 지금보다 기도를 오래 할 수 있을지 이 비유를 통해 생각해보자.

낙심이 기도를 막는다

예수께서 그들에게 항상 기도하고 낙심하지 말아야 할 것을 비유로 말씀하여 눅 18:1

예수님이 이 비유를 드신 목적은 우리에게 항상 기도하고 낙심하지 말라고 말씀하시려는 것임을 알 수 있다. 이 말씀을 조금 달리 생각하면 낙심이 항상 기도하는 데 장애물이고, 낙심이 없으면 장애물이 없으니 항상 기도할 수 있다는 이야기가 된다. 그래서 항상, 오래도록 기도할 수 있으려면 핵심은 낙심을 없애는 것이다.

기도 가운데 낙심할 수 있는데, 기도하는 사람이 어디에서 낙심하게 될까?

이르시되 어떤 도시에 하나님을 두려워하지 않고 사람을 무시하는 한 재판장이 있는데 그 도시에 한 과부가 있어 자주 그에게 가서 내 원수에 대한 나의 원한을 풀어주소서 하되 그가 얼마 동안 듣지 아니하다가⋯ 눅 18:2-4

과부가 불의한 재판장에게 자주 가서 원한을 풀어달라고 한다. 이 말하는 것을 기도로 생각한다면 과부는 "그가 얼마 동안 듣지 아니하다가" 이 부분에서 낙심에 들 수 있을 것이다.

그 재판장은 얼마 동안 듣지 않은 것일까? 성경에서 '얼마 동안'이 생각보다 상당히 길 수 있다는 것을 우리는 안다. 하나님이 기다리라 하시면 꽤 오랫동안 기다리라는 것이기에.

계속 문을 두드려도 안 들으면 낙심이 된다. '낙심'의 헬라어 원어 '엔카케오'(ἐνκακέω)는 '마음을 잃다', '포기하다'라는 뜻이다. 두드리다가 반응이 없으면 두드리고 싶은 마음을 잃을 수 있고, 반응이 내 생각과 반대 방향으로 일어나면 포기하게 된다. 이 낙심의 문제를 해결하면 깊은 기도, 오래 지속되는 기도로 나아갈 수 있다.

기도하다가 두들기다가 반응이 생각만큼이 오지 않고 기도 응답이 더딜 때 나는 기도가 무엇인가, 그리고 하나님은 내 기도를 어떻게 다루시는가를 생각한다.

하나님은 내 기도를 귀히 여기신다

요한계시록에 기도에 관해 너무나 귀한 말씀이 있다.

그 두루마리를 취하시매 네 생물과 이십사 장로들이 그 어린양 앞에 엎드려 각각 거문고와 향이 가득한 금 대접을 가졌으니 이 향은 성도의 기도들이라 계 5:8

또 다른 천사가 와서 제단 곁에 서서 금향로를 가지고 많은 향을 받았으니 이는 모든 성도의 기도와 합하여 보좌 앞 금 제단에 드리고자 함이라 향연이 성도의 기도와 함께 천사의 손으로부터 하나님 앞으로 올라가는지라 계 8:3,4

기도가 금 대접에 들어가 있고, 천사가 금향로에 성도들의 기도와 향을 담아서 하나님께 가지고 간다는 것이다. 생각해보라. 가족을 위해 기도할 때, 누군가를 위해 기도할 때 그 기도가 금 대접에 담기는 것이다.

성경에서 금으로 된 것은 귀한 것이다. 귀한 금 대접에 내가 하는 기도가 들어가 있다는 것은 하나님이 우리의 기도를 금처럼 여기신다는 것이다. 내 기도가 뭐라고 하나님이 기도를 이렇게 귀하게 다루시는 것인가.

또한 향이 올라가고 천사가 그것을 하나님께 가지고 가는 것을 보라. 기도가 하나도 땅에 버려지지 않는다는 것을 알 수 있다. 화양감리교회 최상훈 목사님이 《기도는 사라지지 않는다》〈규장〉라는 책을 쓰셨다. 내용도 정말 좋은 책이지만 특히 이 제목이 옳다고 생각한다. 기도가 사라지지 않는다. 나는 내가 기도해놓고도 무슨 기도를 했는지 어떤 내용인지 잊어버리는데 하나님은 다 기억하신다.

아내에게 남편에게 줄 수 있는 가장 고귀한 것이 무엇일까? 여러 가지 있을 수 있지만 나는 기도라고 생각한다. 남편을 위해 기도하면 금향로에 그 기도가 담겨 향연과 함께 하나님께 올라가고 금 대접에 담긴다는 것이다.

우리가 누군가를 위해, 또 교회를 위해 기도할 때 이렇게 금 대접, 금향로에 담겨 하나님께 올려진다는 것이다. 그러니 기도를 할 때 이것을 잊지 말아야 한다.

'하나님이 내 기도를 귀하게 다루신다.

금향로에 담아 올라가게 하시고 금 대접에 담으신다.

하나님이 내 기도를 다 받으신다.'

특히 응답이 더디고, 기대한 것과 반대로 반응이 일어난다고 느껴질 때는 빨리 이것을 생각하고 꼭 기억해야 한다. 그래서 낙심을 떨어버리고 '아니다! 지금 내가 기도하는 것들, 하나님이 금 대접에 담아서 받으신다! 금향로에 담아서 받으신다!' 하고 마음을 새롭게 해야 한다. 이것을 통해 힘을 내시기 바란다.

하나님이 내 생각을 소리로 들으신다

낙심을 없애는 또 하나의 방법이 있다. 본문에 좀 신기한 게 나타난다.

> 그가 얼마 동안 듣지 아니하다가 후에 속으로 생각하되 내가 하나
> 님을 두려워하지 않고 사람을 무시하나 이 과부가 나를 번거롭게
> 하니 내가 그 원한을 풀어주리라 그렇지 않으면 늘 와서 나를 괴
> 롭게 하리라 하였느니라 주께서 또 이르시되 불의한 재판장이 말
> 한 것을 들으라 눅 18:4-6

불의한 재판장이 속으로 생각했다. 말한 게 아니라 속으로 생각한 것이다. 그런데 예수님이 "불의한 재판장이 말한 것을 들으라"라고 말씀하신다. 예수님은 불의한 재판장이 속으로 생각한 것을 소리로 들으셨다.

어느 교회의 예배 중에 하나님이 그 교회 목사님의 영안을 열어주셨다. 목사님은 성령님이 오셔서 각 사람에게 임하시는 것

을 보고 한 성도를 일으켜 세워 "성령님이 지금 위에 계시니까 성령의 은혜가 임할 것입니다. 제가 하는 대로 한번 따라 해보세요" 하고서 "눈을 감으세요. 손을 드세요"라고 했다.

그때 그 성도가 속으로 '아, 이게 뭐야' 하고 생각했는데 목사님에게 그게 들렸다. 그래서 "성도님, 지금 성령님이 은혜 주시는데 왜 '이게 뭐야'라고 말씀하세요?" 하자 그 성도가 깜짝 놀랐다고 한다.

그 후로도 이 목사님에게 이런 일이 여러 번 있었다. 한번은 목사님이 말씀을 증거한 후 회중이 함께 성령님을 초청하는 찬양을 부를 때 하나님의 은혜로 그곳에 성령님이 충만히 계시는데 한 사람에게도 임하지 않는 것을 보았다. 그래서 목사님은 다시 강단에 올라가 이렇게 말했다.

"찬양을 힘차게 불러서 기쁘실지 모르겠지만, 성령님이 지금 임하지 않으십니다. 왜 안 믿으십니까! 성령님이 지금 임할 수 있다는 것을 왜 안 믿으세요?"

이 말에 모두가 너무 놀랐고, 다시 기도하고 찬양해서 성령의 은혜를 받았다는 얘기를 들었다.

중심으로 기도하라

그 이야기를 들으면서 나는 주님이 내 속생각을 소리로 들으신다는 것에 좀 충격을 받았다.

우리가 하나님의 음성을 분별한다고, 분별하는 것에 얼마나 많이 애를 쓰는가. 그런데 반대로 보면 하나님이 우리의 기도를 분별하셔야 할 것 같다. 이게 기도인지 걱정인지.

우리는 기도하는 중에도 '이게 될까?' 하는 생각이 막 스쳐가고, "믿음으로 기도합니다", "할렐루야", "감사합니다" 외치며 기도하고도 눈 뜨자마자 '아, 어떡하지' 하며 염려가 떠오르고 낙심이 된다.

사실 내 얘기다. 예배 집도하면서 찬송가 부르는데 예를 들어 "저 높은 곳을 향하여" 하다가 생각이 지나간다. '첫 번째 대지의 소제목을 바꿔야 하지 않을까?' 그러면 하나님이 그것을 듣지 않으시겠는가.

"주여, 믿습니다. 믿습니다" 하며 기도하다가 '아, 이거 정말 이 기도가 되는 거 맞아?' 하면 하나님은 "믿습니다. 이거 정말 되는 거 맞아?"로 나의 두 말을 같이 들으신다.

그런 내게 주님이 이렇게 말씀하시는 것 같았다.

'너는 기도한 다음에 염려를 같이하고 걱정을 같이하느냐? 하

나만 해라.'

그래서 나는 자주 "하나님이 내 중심을 보신다. 내 생각을 소리로 들으신다. 내가 생각을 잘하자. 쓸데없는 생각, 부정적인 생각, 잡스러운 생각을 자꾸 버리자"라고 말하곤 한다. 눈을 감고 이 생각을 하기도 하지만 눈 뜨고도 이렇게 말한다.

내가 부족해서 완전히 잡히진 않지만, 그래도 생각을 잡으려고 하니까 조금은 잡히기 시작하고, 눈 뜨고 생각이 잡히니까 마음에 평안이 임하며 깊은 기도로 가게 되었다. 그래서 '그렇지, 내 마음의 중심을 보시지. 중심으로 하나님께 말씀드리자' 이렇게 깨닫게 되는 은혜가 있었다.

그러므로 낙심을 없애고 깊은 기도를 가는 두 번째 방법은 중심으로 말씀드리는 것이고, 그때 기억할 것이 이것이다.

"하나님은 내 생각을 소리로 들으신다."

예수님이 보기를 원하시는 믿음

주께서 또 이르시되 불의한 재판장이 말한 것을 들으라 하물며 하나님께서 그 밤낮 부르짖는 택하신 자들의 원한을 풀어주지 아니

하시겠느냐 그들에게 오래 참으시겠느냐 내가 너희에게 이르노
니 속히 그 원한을 풀어주시리라… 눅 18:6-8

예수님이 불의한 재판장이 한 말을 들으라고 하셨다. 재판장
이 말한 것 중 들으라고 하는 분명한 메시지 하나가 그 안에 있
다. 하나님께서 그 원한을 풀어주시리라는 것이다. 불의한 재판
장이 말한 것과 똑같다. 그리고 또한 말씀하신다.

…그러나 인자가 올 때 세상에서 믿음을 보겠느냐 하시니라
눅 18:8

예수님이 보기를 원하시는 이 믿음이 뭘까? 성경을 읽을 때는
멀리서 보면 안 된다. 바로 앞에 있고 좌우에 있다. 예수님이 세
상에 오셔서 보기 원하시는 믿음은 "속히 그 원한을 풀어주시리
라"라는 약속을 믿는 믿음이다. 주님은 이 믿음을 가진 사람을
보고 싶어 하신다.

한번은 아내에게 혹시 기도하고 하나님께 응답받은 은혜가
있었는지, 있다면 어떤 것이었는지를 물어봤더니 이런 얘기를
해주었다.

나는 지금도 성품이 좋다고 말할 수 없지만 교육전도사 때는 워낙 격발하고 분노하는 성격이라 문을 쾅 닫고 나가고 막 성질을 내기도 했다(지금 생각해도 하나님 앞에 죄송할 뿐이다). 그렇게 부족한 나를 위해 아내가 "하나님, 장차 목회자로 하나님의 종이 될 사람인데 성품을 변화시켜주시고 하나님의 은혜를 베풀어주세요"라고 기도했다.

그리고 그렇게 말로만 기도한 것이 아니라 그림을 그렸다. 내가 하나님 앞에 온유하게 변화된 모습으로 강단에서 말씀을 선포하고, 온유하고 사랑 많은 모습으로 가정사역하고, 자녀를 보듬고 아내를 대하는 모습을.

그러면서 "하나님, 이렇게 될 줄 믿습니다. 하나님, 이렇게 만져주실 줄 믿습니다"라고 기도했다고 한다(내가 변화된 것은 정말 아내의 기도 덕분이다).

아내는 이렇게 기도한 것을 한동안 잊고 살았는데 어느 날 문득, 변화된 내 모습을 보며 어떻게 해서 기도가 응답됐을까 생각할 때 하나님께서 마음에 이런 감동을 주셨다고 한다.

'네가 바랄 수 없는 중에 바랐다.'

(얘기 들으면서 한편으로는 당황했다. 그러면 내가 바랄 수 없는 사람이었다는 얘기 아니겠는가!)

맞다. 지금도 그런 면이 남아 있지만 나는 고집도 세고 성격도 급하고, 변화를 기대하기 힘든 사람이었다. 주님은 아내가 그런 나를 보며 바랄 수 없는 중에 바랐다고 말씀하신 것이다.

내 아내가 남편의 성품과 인격이 바뀌도록, 바랄 수 없는 중에 바라며 기도한 것처럼 당신도 약속의 말씀을 붙잡고, 바랄 수 없는 것을 바라며 믿도록 격려하고 싶다. 하나님께서 아내의 그 믿음을 보고 은혜 주셨던 것처럼, 당신에게도 은혜 주실 것을 믿고 축복한다.

바랄 수 없는 중에 바라는 믿음

아브라함이 바랄 수 없는 중에 바라고 믿었으니 이는 네 후손이 이같으리라 하신 말씀대로 많은 민족의 조상이 되게 하려 하심이라 그가 백 세나 되어 자기 몸이 죽은 것 같고 사라의 태가 죽은 것 같음을 알고도 믿음이 약하여지지 아니하고 믿음이 없어 하나님의 약속을 의심하지 않고 믿음으로 견고하여져서 하나님께 영광을 돌리며 약속하신 그것을 또한 능히 이루실 줄을 확신하였으니
롬 4:18-21

바랄 수 없는 중에 바라는 믿음의 원조는 아브라함이다. 하나님께서 열방의 아비가 될 것이라는 약속의 말씀을 주셨을 때 아브라함은 자식이 한 명도 없고, 이제 그들 부부의 늙은 몸으로는 낳을 수도 없는 처지였다. 그러니 그런 상태에서 하나님의 약속을 믿은 것은 바랄 수 없는 중에 바란 것이다.

그가 어떻게 믿었다는 것일까? 약속의 말씀을 붙잡고 확신했다는 것이다. 그런데 그다음 말씀이 너무 내 마음에 와닿았다.

그러므로 그것이 그에게 의로 여겨졌느니라 롬 4:22

하나님 앞에 의로움은 도덕성을 뛰어넘는다. 바랄 수 없는 중에 약속의 말씀을 붙잡고 확신할 때 하나님은 그것을 의로 보신다는 것이다. 주님이 이 믿음을 보기 원하신다. 아브라함만이 아니라 우리에게서도 그 믿음을 보기 원하신다.

그에게 의로 여겨졌다 기록된 것은 아브라함만 위한 것이 아니요 의로 여기심을 받을 우리도 위함이니 곧 예수 우리 주를 죽은 자 가운데서 살리신 이를 믿는 자니라 롬 4:23,24

하나님 보시기에 의로움은 믿음이다. 어떤 믿음인가? 약속의 말씀을 붙잡고 바랄 수 없는 중에 바라는 것. 그 믿음이 흐려지지 않고 의심하지 않고 그렇게 될 줄 믿어 확신하는 것.

… 무엇이든지 기도하고 구하는 것은 받은 줄로 믿으라 그리하면 너희에게 그대로 되리라 막 11:24

하나님은 우리가 기도한 다음에 하나님이 이루실 것을 믿는 것을 정말 기뻐하시고, 우리가 그러기를 원하신다. 하나님께서 우리에게 원하는 것이 믿음인데 우리는 기도하면서도 하나님을 믿는 믿음이 약하다.

간절하게 기도하는 것, 깊게 기도하는 것 모두 중요하고 기도 시간에 은혜받는 것, 길게 기도하는 것도 중요하다. 그런데 가장 중요한 것은 믿음으로 기도하는 것이다. 여기에 초점을 둬야 한다. 믿음으로 기도하는 것. 하나를 기도하더라도 하나님이 이루실 것을 믿는 믿음의 기도가 너무나 중요하다.

그림을 그리며 믿음의 말로 기도하라

구체적으로 생각해보자. 자녀들을 놓고 어떻게 기도하는가? 대개 "하나님, 애가 너무 말을 안 들어요. 예배도 안 드리고 성경도 안 읽고 기도도 안 해요" 이런 식이 아닌가? 게다가 걱정도 한다. 기도하다가도 걱정하고, 끝나고도 여전히 걱정하고, 기도한 것도 잊어버린다.

이제는 기도를 바꾸자. 하나님께서 이루실 것을 믿고, 기도한 그것은 받은 줄로 믿자. 걱정과 부정적인 생각을 버리고, 바랄 수 없는 중에 바라며 믿음으로 기도하자.

그 자녀는 지금 예배를 안 드리고, 예배드리는 모습을 바랄 수도 없을지라도 그 바랄 수 없는 중에 바라는 것이다. 아름답게 변화된 그 자녀의 모습을 믿음의 눈으로 그리며 "하나님, 이 자녀가 하나님의 은혜로 예배드릴 줄 믿습니다"라고 기도하는 것이다. 다른 이들에 대한 기도도 마찬가지다.

"하나님이 세우신 남편이 믿음의 가장이 되게 하실 줄 믿습니다."

"하나님이 세우신 아내가 찬양으로 영광 돌릴 줄 믿습니다."

이렇게 믿음의 기도를 드리며 하나님이 속히 약속의 말씀을 이루실 것을 기대하자.

예수님은 오래 기도하다가 낙심이 올 때 그 낙심을 이길 약속의 말씀을 우리에게 주셨다. "불의한 재판장이 말한 것을 들으라"라고 하셨는데 그 재판장이 말한 것은 "내가 그 원한을 풀어주리라"였고, 그와 같이 예수님도 "속히 그 원한을 풀어주시리라"라고 분명한 약속의 말씀을 주셨다.

예전에 우리 믿음의 선배님들은 산에 올라가서 나무뿌리가 뽑히도록 기도하셨다. 나무를 붙잡고 주님께 도와달라고, 은혜를 베풀어달라고, 믿음으로 나아간다고 얼마나 눈물로 부르짖었는가. 지금은 나무를 그렇게 하면 안 되지만, 그 간절한 기도에 은혜가 있다고 생각한다. 오늘, 소나무 뿌리는 없어도 우리는 약속의 말씀을 붙들고 눈물로 기도할 수 있다. 그렇게 기도할 때 하나님은 분명히 은혜를 주신다.

요즘 가정마다 일터마다 다 어려움이 있어 다들 힘들어한다. 누구에게 말할 수 없을지라도 하나님은 다 아시니 기도하면 된다. 힘든 기도, 고통의 기도를 다 들으시고, 그 기도들을 금 대접과 금향로에 받으시며, 분명히 어떤 은혜를 주실 것이다.

바랄 수 없는 중에도 약속의 말씀을 붙들고 기도하는 자가 낙심을 이기고 깊은 기도로 들어가게 하시고, 그 약속을 이루실 것이다. 그때까지 기도로 승리하시길 소망한다.

말씀 정리

기도 중에 낙심이 올 때

1. 주님이 내 기도를 금 대접에 담으시고 귀하게 여겨주신다는 것을 기억하라.

2. 중심을 보시는 하나님을 생각하라. 주님은 내 생각도 소리로 들으신다. 부정적인 생각을 버리고 중심으로 말씀드리자.

3. 바랄 수 없는 중에도 약속의 말씀을 붙잡고 바라며 기도하자. "속히 그 원한을 풀어주시리라"라는 약속의 말씀을 붙잡고 "속히 원한을 풀어주실 줄 믿습니다. 속히 원한을 풀어줄 줄 믿습니다" 하고 읊조리면서 마음으로 확신하며 기도하자. 주님은 그 믿음을 의로움으로 보시고 은혜를 주신다.

기도로 마음의 평안과 기쁨을 얻을 수 있을까요?
빌 4:6,7 말씀으로 살펴보는 은혜의 통로 3가지

살면서 걱정되는 일, 슬픈 일, 어려운 일을 많이 만난다. 그래서 자주 속상하고 힘들어지는데 이런 마음이 기쁨과 평안으로 바뀔 수는 없을까?

있다. 나 또한 살아가면서, 목회하면서 그런 마음일 때가 많은데 하나님의 은혜로 이렇게 해보았더니 기쁨과 평안을 얻게 된 경험이 몇 가지 있었다. 특별히 다음 말씀을 통해 이 은혜의 통로들을 구체적으로 살피며 나누어보려 한다.

아무것도 염려하지 말고 다만 모든 일에 기도와 간구로,

너희 구할 것을 감사함으로 하나님께 아뢰라

그리하면 모든 지각에 뛰어난 하나님의 평강이

그리스도 예수 안에서 너희 마음과 생각을 지키시리라 빌 4:6,7

시선을 하나님께 두고 기도하라

힘들고 어려울 때, 슬럼프에 빠질 때 마음을 새롭게 하여 기쁨과 평안을 얻는 첫 번째 방법은 기도다. 기도에 관한 대표적인 구절 중 하나가 이 빌립보서 4장 6,7절 말씀일 것이다.

"아무것도 염려하지 말고"라고 하는데, 우리가 염려를 많이 한다. 기도하면서도 염려할 때가 있고, 기도해도 마음에 평안이 오지 않을 때가 있다. 나도 그랬다. 계속 기도하는데도 걱정이 없어지지 않아서 기도 중에 왜 그럴까 생각하는데 하나님이 갑자기 은혜를 주셨다.

'너의 시선을 바꿔봐라.'

내가 산을 향하여 눈을 들리라 나의 도움이 어디서 올까 나의 도움은 천지를 지으신 여호와에게서로다 시 121:1,2

그래서 내 앞만 보던 시선을 들어 위를 향해 보았는데 내가 걱정하고 근심했던 이유를 깨달았다. 나는 기도할 때도 계속 문제를 바라보고 있었다. 나를 힘들게 한 사람 바라보고, 떨어진 물질 바라보면서 기도하고 있었다.

그런데 시선을 하나님께로 드리자 마음에 기쁨과 평안이 왔다. 태양은 항상 환하게 빛을 비추니 태양을 바라보면 눈이 부신 것처럼, 내가 눈을 들어서 하나님을 바라볼 때 하나님은 사랑과 기쁨이시고 은혜와 평강이시기 때문에 그 은혜가 내게 비추어지고 마음이 평안해진다.

물론 하나님에 대한 좋은 이미지가 있어야 한다. 하나님은 어떤 분이신가? 사랑의 하나님이시고 공의의 하나님이시지만 또한 좋으신 분, 은혜를 주시는 분이다. 그래서 눈을 들어 하나님을 바라보니 마음에 기쁨이 생기는 것이다.

〈시선〉이라는 CCM은 이렇게 노래한다. 나로부터 눈을 들어 주를 보기 시작할 때 주의 일을 볼 것이라고. 모든 시선을 주님께 드리고 살아계신 하나님을 느낄 때 내 삶은 주의 역사가 되고 하나님이 일하기 시작하신다고.

핵심은 하나님을 바라보는 데 있다. 기도할 때 하나님을 바라보라. 우리는 기도하면서도 계속 염려하다가 하나님이 은혜 주셔서 "하나님, 죄송합니다. 제가 믿음으로 받았어야 하는데…"라며 회개하는데, 기도를 시작할 때부터 응답을 받을 때까지 시선을 하나님께 두어야 한다.

기도하면서 할 것 다 하라. 계획도 하고, 나가서 사람도 만나라. 단, 시선은 하나님께 두어라. 기도할 때도 '그래, 하나님이 나와 함께하시지. 그분은 사랑의 하나님이시지' 하며 하나님을 바라보자.

하나님을 바라보면 나를 사랑하시는 하나님의 은혜가 들어온다. 이 사랑의 은혜는 내 삶에 계속 확장되고, 기도를 안 하고 길을 갈 때도 시선이 주님께 고정이 된다. 그러면 마음이 평안해지고 기쁨이 생긴다.

말씀을 있는 그대로 받아들여라

말씀을 볼 때 그 말씀을 말 그대로, 있는 그대로 받아들여라. 이 말씀을 다시 읽어보자.

아무것도 염려하지 말고 다만 모든 일에 기도와 간구로, 너희 구할 것을 감사함으로 하나님께 아뢰라 그리하면 모든 지각에 뛰어난 하나님의 평강이 그리스도 예수 안에서 너희 마음과 생각을 지키시리라 빌 4:6,7

이 말씀을 그대로 받아들인다는 것은 이렇게 하는 것이다. '그래, 내가 지금 문제가 있는데, 염려하지 말고 다 그냥 하나

님께 기도하고 간구하자. 감사함으로 아뢰자. 그러면 모든 지각
에 뛰어난 하나님의 평강이 그리스도 예수 안에서 내 마음과 생
각을 지키실 거야'라고 생각하는 것이다.

성경은 "모든 지킬만한 것 중에 무릇 네 마음을 지키라…"(잠
4:23)라고 말씀한다. 마음 지키기가 어려운데 모든 일을 감사함
으로 주님께 말씀드리며 기도하고 간구하면 뛰어나신 하나님이
내 마음을 지켜주신다는 것을 말씀 그대로 받아들이자.

있는 그대로 받아들이는 것은 정말 중요하다. 내가 이 말씀을
100퍼센트 믿지 못하더라도, 100퍼센트 믿어지지 않더라도 받
아들이는 것이다. 처음부터 온전한 믿음이 들어오면 너무 감사
하겠지만 부족한 믿음이 더 많지 않겠는가. 그러나 부족한 믿음
을 갖고 출발할 때 성령께서 은혜를 주셔서 그 믿음을 성장시키
고 온전하게 하신다.

말씀도 그렇다. 우리는 부족하게 바라보고 부족하게 받아들
인다. 그래도 믿고자 하는 마음으로 말씀을 받아들이는 그 출발
이 참 중요하다. 이렇게 마음을 열고 받아들이면 성령님이 그다
음부터 은혜를 주신다.

예전에 나는 사람들이 "믿습니다. 믿습니다" 하면 '그렇게 해
서 믿음이 오나?'라고 회의적으로 생각했다. 그런데 그렇게 해

서 믿음도 온다는 것을 알게 됐다. 정말 믿고자 하는 마음으로 "믿습니다. 믿습니다" 할 때 하나님이 믿어지는 은혜를 주신다.

말씀을 읊조리며 받아들여라

우리 교회에서는 온 교인이 한 말씀을 1주일 동안 읊조린다. 고린도후서 13장 13절 "주 예수 그리스도의 은혜와 하나님의 사랑과 성령의 교통하심이 너희 무리와 함께 있을지어다"라는 말씀(축도로 많이 듣는 말씀이기도 하다)을 할 때였다. 이 말씀을 읊조리는 동안 나는 이렇게 묵상이 되었다.

'너희 무리와 함께 있을지어다.' '너희 무리와 함께' 있다니, 하나님이 교회를 기뻐하시는구나. '있을지어다'라는 건 있다는 것이지. 그런데 뭐가 함께 있는 거지? '주 예수 그리스도의 은혜와 하나님의 사랑과 성령의 교통하심'이 지금 내게 있다는 거구나.'

그리고 이 묵상한 것을 그대로 받아들였다. 그러자 내 마음속에 뭉쳐 있던 불안함과 두려움이 확 풀리면서 마음에 기쁨이 생기고 평안이 임하는 것이 아닌가. 진리가 우리를 자유롭게 한다(요 8:32)는 것이 어떤 것인지를 경험하게 되었다.

하나님 말씀이 진리이므로 진리의 말씀을 있는 그대로 받아들이면 마음속에 응어리진 것도, 불안한 것도 다 풀려버린다. 너무 감사한 일이다. 진리의 하나님 말씀에는 다 이런 능력이 있다.

> 우리가 알거니와 하나님을 사랑하는 자 곧 그의 뜻대로 부르심을 입은 자들에게는 모든 것이 합력하여 선을 이루느니라 롬 8:28

이 말씀도 있는 그대로 받아들이자. 온전히 믿지 못할 수도 있지만 받아들이는 것이 중요하다. 부족한 믿음, 부족한 모습으로 받아들이더라도, 받아들인 다음에 믿으려는 마음을 갖고 이 말씀을 믿으려고 할 때 성령께서 역사하신다.

"하나님을 사랑하는 자", 다들 하나님 사랑하기를 원하지만 내가 하나님을 사랑한다고 자신 있게 말할 수 있는 사람이 얼마나 될까. 그러나 100퍼센트 사랑하지 못하더라도 하나님께 사랑한다고 고백하고, 하나님의 사랑을 체험할 수 있도록 은혜를 간구하라. "저는 하나님을 사랑하고 싶습니다. 사랑하는 마음을 갖길 원합니다"라고. 그러면 하나님을 사랑하는 길에 서게 된다. 그 길이 하나님이 기뻐하시는 길 아니겠는가?

"그의 뜻대로 부르심을 입은 자들에게는 모든 것이 합력하여 선을 이루느니라", 이 말씀을 보며 나는 '주님이 우리를 불러주셨지. 그렇다면 모든 것이 합력하여 선을 이루게 된다. 내 마음속에 진리가 주는 이 말씀은 변하지 않아. 이 말씀은 내 안에서 살아 움직이게 돼. 이 말씀은 성취될 거야'라며 그대로 받아들였고, 내 마음이 조금씩 평안해지고 자유로움과 은혜가 임하는 것을 경험할 수 있었다.

온전한 감사를 드려라

…너희 구할 것을 감사함으로 하나님께 아뢰라 빌 4:6

세 번째는 감사함으로 아뢰는 것을 실행하는 건데 사실 이게 가장 어려웠다. 이것은 감사하되 감사를 온전히 하는 것으로, 구체적으로는 생각을 감사로 바꿔보는 것이다.

우리도 '감사'를 한다. 감사할 것에 대해서는 당연히 감사해야 하고, 이것도 감사하지 않으면 회개해야 한다. 감사하는 순간 내 마음에 기쁨이 생기는데 감사하지 않으면 그것을 다 놓친다. 그런데 '감사할 것'뿐 아니라 '당연하게 여겨진 것'에 대한 감사도 필요하다.

나는 감사 노트에 하루에 3개씩 감사할 것을 적는데 가끔은 숙제같이 느껴지기도 하고, 감사할 것을 생각하다 보니 감사의 은혜를 누리기보다는 감사를 쥐어짜는 것 같아서 '이게 아닌 것 같은데?' 할 때도 있다. 그런데 어느 날, 감사 노트를 쓰는 중에 주님의 은혜로 이런 생각을 하게 되었다.

'일상에서 당연한 것에 대한 감사를 어떻게 할 수 있을까?'

그래서 생각을 감사로 한번 바꿔봤다.

'그래. 오늘 새벽에 예배를 인도할 수 있었던 것 감사하지. 성도들이 나와서 같이 예배드린 것도 감사하고 방송실에서 잘 진행해준 것도 너무 감사하지. 아, 오늘 반찬 사역을 하는 날인데 열무김치가 너무 맛있었어. 열무김치 맛있게 해주신 것도, 먹게 해주신 것도 너무 감사하네.'

하루를 돌이켜 생각하니 이렇게 감사가 나왔다. 돌아보니 다 감사였다. 새로웠다. 마음이 기뻐졌다. 감사가 기쁨이고 능력인 것을 깨달았다. 그래서 이제 내 생각을 감사로 바꿔봐야겠다 싶었다.

해본 입장에서 말하는데, 조금 힘들 수 있다. 그러나 천천히 한번 해보시기를 바란다. 일단 당연히 감사할 것에 대해서 먼저 감사를 드리고, 그다음으로는 이렇게 일상적인 것들을 감사로 바라보라. 그것들이 당연한 것이 아니기 때문이다.

〈날 구원하신 주 감사〉라는 찬양이 있다. 이 곡에서는 구원하신 것, 지난 추억들, 향기로운 봄철, 사라진 눈물 등 많은 것에 대해 감사드린다. 그런데 참 의외의 감사가 많이 등장한다.

외로운 가을에도 감사하고 아픔에도 감사한다. 응답하신 기도뿐 아니라 거절하신 것에도 감사한다. 3절에는 너무도 유명한 고백이 있다. 길가의 장미꽃뿐 아니라 장미꽃 가시에도, 기쁨뿐 아니라 슬픔에도 감사드린다.

감사로 바라보면 일상에도 감사할 것이 정말 많지만 그렇게 해도 감사가 안 나오는 게 있다. 장미꽃 가시, 감사하고 싶지 않다. 응답하신 기도는 감사하지만 거절하신 것에는 감사가 나오기 어렵다. 감사할 수 없는 중에 드리는 감사, 감사할 수 없는 환경에 대한 감사는 정말 어렵다. 그러니 이것만 된다면 정말 범사에 감사가 될 것이다.

하나님 때문에 드리는 감사

"너희 구할 것을 감사함으로 하나님께 아뢰라"(6절).

원문을 자세히 살펴보니 이 '감사'는 뒤에 나오는 내용에 대한 것이다. 즉, 모든 지각에 뛰어난 하나님의 평강이 그리스도 예수 안에서 너희 마음과 생각을 지킬 것을 확신하고 감사하라는 것이다. 이것이 내게 큰 은혜가 됐다.

지금 원망과 불평이 나오는 상황일 때 이 원망, 불평할 상황을 바라보면 절대 감사가 안 나올뿐더러 화가 나고 분노도 일어난다. 그런데 하나님을 바라보니 평안을 얻는 것처럼, 하나님 때문에는 감사할 수 있겠다는 생각이 들었다.

나라고 다른 사람이 아니다. 사람을 보면 감사할 수 없고 재정 떨어지면 감사가 안 되는 것은 누구나 다 똑같다. 다만 '하나님이 이 일을 이루시겠지. 하나님이 이 일을 다 아시지. 하나님이 함께하시지' 하면서 하나님이 이루실 것에 대한 소망이 생기니까 감사가 나올 수 있었다.

문제와 사람 때문에 감사가 나오기 어렵지만 하나님 때문에는 감사가 나왔다. 이 감사였다. 하나님 때문에 감사하는 이 감사를 시작하니까 갑자기 내 마음속에 은혜가 차올랐다. 그리고 이 감사가 내 마음을 정말 많이 회복시켰다. 당신에게도 이 은혜가 있을 것이다.

이 글을 읽고도 용기가 안 날 수 있고, 막상 해봐도 잘 안 될 수 있다. 그러나 이 글을 읽도록 인도하신 것도 당신이 지금 슬프고 어려워서 기쁨과 평안이 필요한 것을 하나님께서 아시고 은혜를 주신 것이라고 믿는다. 하나님은 은혜를 주시는 분이다.

말씀 정리

슬럼프에 빠지고 마음에 기쁨과 평안이 없을 때

1. 시선을 하나님께로 돌려라. 문제와 상황을 보지 말고 하나님을 보라.

2. 한 말씀을 붙잡고, 이 말씀을 하나님이 주신 나의 말씀으로서 그 말 그대로, 있는 그대로 받아들여라.

3. 당연하게 여겼던 일상을 감사하고, 문제와 상황 대신 하나님 때문에 감사하려고 노력하라.

Part 3

제 삶에 복을 받고 싶어요!

왜 점점 재정이 어려워질까요?
재정을 노리는 미혹을 꿰뚫고 돌파하기

돈 때문에 힘든 일을 참 많이 당한다. 실제로 우리가 구하는 물질에 대한 기도의 대부분은 부자가 되겠다는 기도가 아니라 물질의 고통에서 벗어나게 해달라는 기도인 것 같다. 빚에 쫓기고 돈 나올 곳은 다 막힌 채 살려달라고 도와달라고 기도하는 마음이 얼마나 슬프고 안타까울지….

하나님은 우리가 가난 속에서 고통당하며 사는 것을 원하지 않으신다. 그러나 재정을 무너뜨리려는 영적 유혹이 있다. 이 유혹을 이기면 재정이 풀리고 인생이 풀려 자유를 누리게 된다.

내가 지금 빚을 다 청산하고 거부(巨富)가 된 것은 아니지만 목회를 하면서 특별히 물질의 속박에서 벗어나 하나님이 주시는 자유함의 은혜를 누리고, 어떻게 살기를 하나님이 원하시는지 알게 되는 경험이 있어 그것을 나누려 한다.

마귀가 주는 뜨거운 미혹을 막아내라

물질 사용에 있어서 마귀가 주는 미혹이 있다. 미혹(迷惑)이란 '무엇에 홀려 정신을 차리지 못하다, 정신이 헷갈려서 갈팡질팡 헤매다'라는 뜻이다. 유혹을 받아 물질을 잘못 쓰는 것이다.

한번 생각해보자. 작년에 내가 얻은 수입은 다 하나님이 벌게 하신 것 아니겠는가? 이 수입이 정말 내 삶에 고통과 괴로움을 줄 정도인가? 그런 경우도 있겠지만, 대부분은 살 수 있을 정도로 수입을 얻는다. 하나님이 주시는 수입에는 살 수 있는 하루의 양식, 일용할 양식이 있다.

문제는 지출에 있다. 어려움 중 적지 않은 게 빚을 갚는 것이다. 상황에 따라 빚을 낼 수는 있으나 감당할 수 없는 빚의 구조로 갔다면 문제가 된다. 그래서 파산의 위험 앞에 놓였다면 이 부분을 점검할 필요가 있다.

성령의 불이 있다. 성령님은 우리에게 불을 주셔서 뜨겁게 하신다. 좋은 열정이 일어나게 하고, 열심을 내며 마음속의 뜨거움으로 모든 고난을 이기게 하신다. 그런데 성령의 불과 반대되는 지점에 악령의 불이 있다. 사탄은 자신을 광명의 천사로 가장하며 성령을 흉내 내고, 악령의 불을 주어 뜨거워지게 한다.

악령이 주는 나쁜 뜨거움의 불은 어떤 사람이나 물건에 대해서 너무 뜨거워져서 뭔가를 너무 갖고 싶고, 사지 않고는 견딜 수 없게 하며 그것에 몰두하게 만든다. 사람에게 뜨거워지면 성욕이고, 이 뜨거움이 물질을 향하면 물욕이 된다.

몇 년 전, 추석 즈음이었다. 오디오를 검색하는데 갑자기 오디오 세트가 너무 갖고 싶어졌다. '목양실에 오디오가 있으면 얼마나 좋을까? 오디오 틀어놓고 음악을 들으면 성령께서 역사하실 것 같다'라는 마음이 들어서 검색하기 시작했다.

나는 오디오를 잘 모르니 뭐가 좋은지 알아봐 가며 검색하고, 새것을 살 수 없으니까 중고 사이트를 한참 검색했다. 얼마나 시간이 걸렸겠는가. 그러다 적당해 보이는 물건이 있어서 주머니를 다 털어 그걸 샀다. 한 100만 원 들어간 것 같다.

문제는 그때뿐이었다는 것이다. 석 달 지나니까 오디오가 목양실에 그냥 가만히 있게 되었다. 잘 틀게 되지 않았다. 그땐 왜 그렇게 뜨거웠을까? 그게 없으면 큰일 날 것 같고, 있으면 행복이 밀려오고 마음이 살아날 것 같았다. 그때 알았다.

'아, 내가 물욕이 있을 수 있구나. 뭔가 미혹함이 있구나! 내가 잘못 생각하기 시작하면서 그것에 대한 갈망과 소유욕을 품다 보니까, 마귀가 나에게 뜨거움을 주는구나.'

이 물욕의 단위가 달라질 수 있다. 몇만 원짜리 물건에서 단위가 높아지면서 그게 집도 될 수 있고, 자동차도 될 수 있고, 땅이나 건물도 될 수 있다. 그만한 지출을 할 정도의 능력이 되면 괜찮지만 그런 정도가 아닌데도 내 마음이 넘어가면 문제다.

빚이란 돈을 미리 끌어당겨 쓰는 것이라 문제가 생기고 파산의 위험이 있다. 마귀는 잘못된 뜨거움을 주어 지출을 과도하게 만들고 빚지게 한다. 이런 나쁜 뜨거움이 내 삶을 태우지 않도록 막아야 한다. 우리는 성령 외에는 뜨거워질 이유가 없다. 물건을 본다고 뜨거워질 이유가 없는데도 자꾸 뜨거워진다면 미혹이 아닌지 유의하여 보아야 한다.

하나를 뚫어보는 경험

그리스도 예수의 사람들은 육체와 함께 그 정욕과 탐심을 십자가에 못 박았느니라 갈 5:24

정욕과 탐심. 정욕은 성적인 것, 탐심은 물적인 것이다. 이 정욕과 물욕을 다 십자가에 못 박아야 한다. 성령의 불이 아니라 악령의 불에서 오는 미혹을 알았다면 이것을 십자가에 못 박아

죽여야 한다. 그러려면 하나를 뚫어봐야 한다.

내가 보니 성욕(性慾), 식욕(食慾), 물욕(物慾) 등 이 '욕'(慾) 자 들어가는 단어들은 한 라인에 있어서 하나를 죽이면 같이 약해진다. 사람마다 다를 수 있는데 나와 같은 목회자의 경우에는 금식으로 식욕을 죽이면 성욕과 물욕이 같이 약해진다.

하나를 뚫어볼 수 있어야 한다. 하나님은 극복할 힘과 은혜를 주신다. 그러니 '내가 한번 이겨봐야겠다'라고 마음먹어보자. 이겨볼 수 있는 마음을 가질 때 제일 중요한 게 예수님의 보혈로 내 마음을 씻는 것과 말씀을 영의 양식으로 삼는 것이다. 보혈 기도와 말씀 읊조리기에 관해 앞에서 여러 번 다뤘으니 참조하여 자신을 강하게 만들기를 바란다.

강하게 만든 다음에는 이제 한번 맞서서 대결해봐야 한다. 예를 들면, 이 '욕' 라인에서 하나를 끊어보는 것이다. 가장 접근하기 쉬운 게 일단 식욕이니 한번 해보자.

하나님께서 내게 좀 신기한 경험을 하나 하게 하셨다. 사실 그러려던 마음이 없었는데 어느 날 '내가 입으로 부정적인 얘기를 하지 않겠다'라고 마음먹고 실천하는 중에(13장 참조) 하나님이 은혜를 주셔서 '돈을 쓰지 말아봐야겠다'라는 생각을 하게 된 것이다.

넉넉지 않은 형편인데도 '내가 돈을 안 쓰고 얼마나 살아갈 수 있을까? 한 달 정도만 해봐야겠다'라는 생각이 들어서 해봤다. 공과금처럼 꼭 써야 하는 지출은 제외하고 내가 개인적으로 쓰는 것 중에서 안 해도 될 만한 것은 다 안 하는 실험이었다.

아침이면 커피 한 잔 마시고 빵도 하나 먹어야 하는데 안 먹고 커피 2,000원, 빵 1,500원을 아꼈다. 점심에는 '점심을 꼭 사 먹어야 하나? 있는 것 먹지 뭐. 집에 빨리 갔다 오면 되잖아' 해서 집에 가서 빨리 먹고 왔다. 저녁때도 그렇게 했다.

그렇게 하루를 보내고 계산해보니 아침의 빵과 커피, 점심과 저녁을 사 먹지 않음으로써 하루 동안 총 18,500원의 지출을 막았다. 그런데 이 돈이 수입으로 느껴졌다. 말도 안 되긴 하는데 사실 돈을 번 것처럼 느껴진 것이다.

그래서 이후로도 오늘 만 원 벌었다, 오늘 12,000원 벌었다 하며 매일 적어봤다. 나중에는 동전까지 찾게 되었다. 동전은 원래 있던 것인데 100원짜리, 500원짜리 찾아보니까 꽤 되었다.

이 실험을 지금까지 계속하지는 않고 지금은 기본적인 것은 쓴다. 그런데 이 뚫어보는 경험이 굉장히 유익했다.

나쁜 뜨거움을 죽이는 방법

이 '뚫어보는 경험'을 통해 두 가지 유익을 얻었다.

첫째, 그동안 돈에 대해서 쉽게 생각하는 면이 있었다는 자각이다. 동전을 보고 알았다. 100원짜리, 500원짜리, 귀한 돈인데 왜 이렇게 동전이 여기저기에 있을까? 온라인으로 거래하고 카드를 쓰다 보니까 현금에 대한 감각이 없어졌던 것이다.

그동안 내가 물질과 관련해 사탄의 미혹을 받고 있었다는 것, 그리고 이 물질을 하나님이 주신 귀한 도구로 사용하지 않고 함부로 쓰거나 잘못 사용하는 면이 있었음을 깊이 깨닫고 거기서 벗어나기 시작하는 귀중한 계기가 되었다.

둘째, 안 써도 살 수 있다는 자신감이다. 그게 상당히 기뻤다. 처음에는 힘들었다. 술이나 담배를 끊으면 금단현상이 있다는데 돈도 똑같다. 돈에도 중독될 수 있다는 것을 확실하게 경험했다. 안 쓰니까 힘들어지고 너무 쓰고 싶어졌다. 1층에 편의점이 있는데, 가서 커피 마시고 싶고, 과자나 음료수도 사고 싶고, 괜히 가고 싶었다. 또 식당 가서 차려놓은 밥을 먹고 싶었다.

그런데 안 하니까 안 하게 된다. 금식을 해본 사람은 금식할 때 먹고는 싶지만 그래도 금식하려면 할 수 있고, 금식하면서 점점 음식에 대한 욕구가 줄어드는 것을 경험해보았을 것이다. 그런데 식욕뿐 아니라 물욕도 똑같았다.

금식하면 식욕이 줄어들 듯, 물질을 쓰는 것을 자제하기 시작하니까 이것이 가능해졌다. 안 쓰면서 점점 물욕이, 즉 물질을 소유하고 싶은 마음과 돈을 쓰고 싶은 마음이 점점 줄어드는 것을 느꼈다. 그때 하나님이 그런 은혜를 주셔서 한 달 넘게 계속했는데 절제가 되었다.

마귀가 가져오는 뜨거움을 죽이는 방법이 이거였다. 나는 금식을 통해서 절제되는 은혜를 받았고 마귀가 주는 뜨거움이 사라졌는데 그것이 뚫어지는 경험이다. 이 경험이 우리에게 정말 필요하다! 금식이든 지출 절제든, 은혜받을 때까지 한번 해볼 것을 정말 적극적으로 추천한다.

물질에서 하나님으로 주인을 바꿔라

할 수 있는 대로 돈을 사용하지 않는 기간을 한번 정해 보고 한번 해보라. 하루나 이틀도 괜찮지만 가능하면 좀 더 길게 해보기를 권한다. 기본적인 것은 쓰되, 쓰고 싶고 쓸 수 있지만 안 써도 되는 것들을 쓰지 않는 싸움을 해보는 것이다. 미디어도 금식한다고 하지 않는가. 물질 사용도 금식해보니까 된다.

물질의 금식도 처음에는 금단현상이 일어나지만 차차 그런 현상이 없어지면서 마음이 편안해진다. 그게 벗어나는 것이고 주인이 바뀌는 것이다. 그리고 고통이 클수록 더 많이 바뀐다.

그때까지 나도 몰랐다. 하나님을 믿는다고 하면서 하나님이 계셔야 할 곳에 돈을 두고 섬기고 있었다. 돈을 보며 '돈이 있으면 내가 얼마나 행복할까. 돈이 있으면 좋을 텐데. 하고 싶은 것 다 하고 너무 기쁠 것 같은데. 돈이 있으면 평안이 올 텐데' 했다.

한 사람이 두 주인을 섬기지 못할 것이니 혹 이를 미워하고 저를 사랑하거나 혹 이를 중히 여기고 저를 경히 여김이라 너희가 하나님과 재물을 겸하여 섬기지 못하느니라 마 6:24

하나님을 믿노라고 하면서 한편으로는 물질을 섬기고 있었다. 물질이 내 주머니에 있으면 너무 평안하고 마음이 든든했다. 이것이 본래 하나님에 대한 믿음인데 내가 물질을 너무 의지하여 신처럼 섬긴 것이다. 하나님과 동행해야 하는데 물질과 동행했다. 이것이 돈을 하나님처럼 여긴 것이다.

주인이 바뀌면 새로운 열정이 생긴다

내가 경험한 것인데 이러한 절제를 통해 정상이 되니까 갑자기 하고 싶은 것이 마음에 생각났다. 하고 싶은 것이 마음속에 생기며 이 말씀이 떠올랐다.

너희 안에서 행하시는 이는 하나님이시니 자기의 기쁘신 뜻을 위하여 너희에게 소원을 두고 행하게 하시나니 빌 2:13

소원이란 '하고 싶은 것'이다. 삶이 정상화되니까 하나님이 주시는 소원이 내 마음속에 일어나서 하고 싶은 것이 생겼다.

성경은 하나님의 사람들에게 믿음으로 살라고 말씀하고, 우리도 많은 가르침을 받았다. 그런데 믿음의 내용은 뭘까? 히브리서 11장 1절은 믿음을 "바라는 것들의 실상"이라고 말씀한다. 믿음은 바라는 것들의 실상이다. 바라는 게 있어야 한다. 이 바라는 게 바로 소원이다.

하나님의 사람들이 믿음으로 산 내용을 보면 하나님이 주시는 '하고 싶은 것, 바라는 것, 소원', 다른 말로 '꿈'으로 살았다. 하나님이 꿈을 주신 것이다. 그 꿈을 바라보면서 하나님이 이루시리라고 생각한 것이 바로 믿음이다. 바라는 것이 실상이 되기 때문이다.

아브라함에게 주신 꿈은 가나안 땅에 대한 꿈, 자녀를 갖는 꿈이었다. 이삭과 야곱에게도 동일하게 가나안 땅의 꿈이 있었다. 곡식단이 자기에게 절하는 꿈을 꾸었던 요셉의 꿈은 리더가 되는 것이었다.

바울은 이방인의 사도가 되는 꿈, 베드로는 유대인의 사도가 되는 꿈이 있었다. 믿는 자의 꿈은 하나님나라가 되는 것, 그 가운데 한 사람을 주님께 인도하는 것이다.

주님은 모두에게 이 꿈을 주셨다. 하나님나라의 큰 꿈 안에서 우리는 각자에게 주신, 각자가 할 수 있고 각자가 품을 수 있는 '하고 싶은 것', 즉 꿈을 갖는다. 그러면 이것이 아주 중요하다.

그전에는 하루살이였다. 우리가 하루하루 산다. 일어나면서 '어떡하지? 오늘 힘들 텐데…' 걱정부터 하고, 일도 그렇게 기쁘지 않다. 다 그런 건 아니지만 대개는 아침에 일어나서 직장 가기가 싫고, 하루를 버티며 살아간다. 목회도 다르지 않다. 아침에 일어날 때부터 '하나님, 문제가 일어났는데 어쩌면 좋습니까?' 하며 부담스러워하기도 한다.

그런데 물질의 속박에서 벗어나니까 성욕, 식욕, 물욕 등 한 라인에 있는 것들이 다 풀리고 정상이 되면서 자유로워졌다. 그러자 하나님이 주시는 소원이 생기고, 그 꿈 때문에 '오늘은 또 어떻게 살지?' 대신 '오늘 이런 게 일어날 수 있겠구나', '오늘 이 거 하고 싶다. 이거 해야겠다'로 바뀌며 열정이 생긴다. 아침에도 열정이 생기고, 피곤해도 열정이 생긴다.

나는 새벽 3시 반에 일어나는데 좀 늦게 자도 그 시간에 일어나게 된다. 물론 몸은 피곤하지만 '피곤해서 너무 힘들어' 하는 게 아니라 피곤해도 '하나님, 감사합니다' 하며 일어나서 내게 선포하고 예수님의 보혈로 씻고 나오게 된다.

내가 바뀌어서 나 스스로 놀란 게 하나 있다. 내가 나에게 "나 오늘 하나님이 부르셔도 괜찮아. 하고 싶은 거 하고 있으니까…" 라는 말을 하는 것이다. "오늘 하나님이 나 부르셔도 나 이거 할 거야"라고 말하게 된 것이 나 스스로도 가장 놀랍다.

전에는 이것도 이룰 수 없고, 힘들고, '이뤄놓은 것도 없는데 주님이 부르시면 어떡하지' 했는데 마음에 열정과 꿈이 생기자 하루하루가 기뻐졌다.

물론 아직 이루어지지 않은 꿈도 있다. 그래도 꿈을 향해 가는 그 과정에서 기쁘고 때론 재미있고 행복하고 의미 있게 느껴졌다. 독자 여러분도 이 은혜를 같이 경험하고 자유를 누리며 하나님이 주시는 꿈과 비전으로 함께 살아가시기를 소망한다.

물질의 고통에서 벗어나는 방법

1. 수입의 문제가 아니라 지출에 사탄의 미혹이 있다. 돈을 잘 못 쓰게 만들어 묶고 파멸하게 한다. 물건을 보고 너무 뜨 거워진다면 욕망으로 뜨거워지게 하는 악령의 불 때문이 아닌지 의심해보아야 한다.

2. 재정에서의 자유를 경험하기 위해 음식을 금식하듯 재정의 금식이 필요하다. 한번 금식 기간을 잡고 내가 절대 쓰지 않겠다 결심하고 해보라. 금단현상이 일어나지만 버텨내야 한다. 그 과정은 내 마음으로 물질을 섬겼던 주인 의식이 하나님으로 바뀌는 것이다.

3. 자유케 되면 마음에 하나님이 주시는 소원이 생긴다. 이 꿈 이 나를 열정적인 사람으로 만들고, 다른 삶을 살게 한다. 죽음에 대한 두려움, 삶에 대한 집착을 놓고 '내가 오늘 죽 어도 괜찮다'라는 마음으로 살게 된다.

12

물질의 복을 구하는 건 기복신앙인가요?

물질을 주시고 받을 그릇을 만드시는 하나님의 응답

여호와께서 주시는 복은 사람을 부하게 하고 근심을 겸하여 주지 아니하시느니라 잠 10:22

하나님이 주시는 복은 사람의 수고를 필요로 하지 않으며 인간의 모든 행사가 오직 하나님의 주권에 달려 있다. 하나님은 복으로 사람에게 부(富)를 주신다. 어떤 사람에게 이런 복을 주실까? 목회하면서 하나님이 재물을 주시는 사람이 있다는 것을 알게 되었다. 다만, 내가 목회의 현장에서 보고 경험한 '재물의 복'은 엄청난 부를 가리키지는 않는다.

그보다는 빚 문제가 없어지고 경제적인 자유를 얻은 것, 빚이 있더라도 "이건 정말 하나님이 주신 물질이다!"라고 말할 정도로 은혜가 임한 것을 말한다. 이런 물질의 복이 어떤 사람에게 임하는지 함께 나누어보자.

재정 사용에도 영적 게으름이 있다

게으른 자여 개미에게 가서 그가 하는 것을 보고 지혜를 얻으라 개미는 두령도 없고 감독자도 없고 통치자도 없으되 먹을 것을 여름 동안에 예비하며 추수 때에 양식을 모으느니라 게으른 자여 네가 어느 때까지 누워있겠느냐 네가 어느 때에 잠이 깨어 일어나겠느냐 좀더 자자, 좀더 졸자, 손을 모으고 좀더 누워 있자 하면 네 빈궁이 강도같이 오며 네 곤핍이 군사같이 이르리라 잠 6:6-11

재물의 복에 관한 주제를 놓고 기도할 때 하나님이 제일 먼저 보여주신 말씀이 이것이었다. 게으른 자에게 개미의 부지런함을 보고 지혜를 얻으라고 하신다.

물질의 복을 받으려면 일단 가지 말아야 할 지점이 있다. 게으른 자의 삶이다. 게으름에는 육체적인 것만 있지 않다. 육체적 게으름과 함께 영적인 게으름도 동시에 온다.

게으름이 지출에서는 어떻게 나타날까? 예를 들면, 필요 없는 것을 자꾸 사는 것이다. 잘 생각하고 점검해야 하는데 신경을 덜 쓰고 깊이 생각하지 않으면 있는 것 또 사고, 사지 말아야 할 것을 사게 된다.

가장 좋은 수입은 적은 돈이라도 매달 일정하게 들어오는 것이고 가장 위험한 지출은 매달 일정하게 나가는 돈이다. 그런 면에서 할부는 상당히 위험하다. 사고 싶은 가방이 300만 원이라 부담이 되는데 10만-15만 원씩 한 2년 나눠 내면 되겠다 싶어서 지르는 것이다.

좀 더 생각하면 위험한 지출인 것을 알 수 있는데 지금 기쁨을 누리기 위해서 별로 생각하지 않는 것이다. 그런 것이 하나둘씩 늘어나면 점점 물질이 무너지기 시작한다.

이렇게 만드는 세력이 있다고 생각되지 않는가? 내게 지금 필요 없는데도 자꾸 나를 자극하는 뭔가가 있다. 잘못된 뜨거움을 일으키는 존재가 있다. 수입이 적어서 인생이 어려워지는 것이 아니라 빚을 못 갚아서 위기를 맞는 것이다.

이런 사람은 '저 사람은 놀면서도 잘 버네. 일 하나도 안 하는데 쉽게 돈 버네' 하면서 베짱이를 보고 있을 가능성이 크다. 성경에서는 부지런한 개미를 보고 배우라고 한다. 땀을 흘리라고 말씀한다. 이것이 마땅하지 않은가? 농부가 봄에 열심히, 울며 수고하여 씨를 뿌려야 기쁨으로 거두지 않겠는가?

탐욕과 두려움을 극복하라

외환 딜러에 관한 영상을 하나 보았는데 그들에게는 극복해야 할 두 가지 문제가 있다고 한다. 첫 번째는 탐욕이다. 외환 거래로 많은 수입을 올리면 더 많이 얻으려는 탐욕이 생기는데 계속 그러다 보면 한꺼번에도 잃을 가능성도 크다고 한다. 두 번째는 두려움이다. 거래에서 큰 손실을 입으면 다음번에는 그 두려움으로 주저하게 되기 때문이다.

그러므로 탐욕을 절제하고 두려움을 잘 극복해야 딜러로서 살 수 있다는 것인데 어디 외환 딜러만 그렇겠는가. 목회자인 나에게도 필요하다. 내게도 탐욕이 있고, 탐욕이 점점 앞으로 나아가다가 두려워서 아무것도 못 하게 될 수도 있기 때문이다.

계속되는 영상에서 팀장급으로 보이는 분이 "이 일이 분초를 다투다 보니까 때로는 목숨을 거는 모습이 보인다"라며 프로는 목숨을 걸어야 한다고 말했다. 사실 우리 또한 어떤 것에서 열매를 거두려면 한계 지점을 넘어서는 것이 필요하다.

이렇게 임계점을 넘는 것에 관해 성령께서 마음의 감동을 주셔서 나는 이것이 "할 수 있거든이 무슨 말이냐 믿는 자에게는 능히 하지 못할 일이 없느니라"(막 9:23)라는 말씀으로 들리고, '맞아. 하나님이 함께하시니까 내가 한 번 더 뛰어넘어보자. 한

번 더 도전하고, 한 번 더 나아가 보자'라고 생각하게 됐다.

실패는 없다. 진짜 없다. 하다가 실패한 건 성취를 위한 좋은 경험이다. 오히려 안 하는 게 실패다. 성령님은 우리를 이렇게 격려하며 인도하시고 은혜를 주신다.

하나님은 부지런하고 땀 흘리는 개미에게 물질 회복을 주시고 열매 맺게 하신다. 그러나 악한 영은 자꾸 나를 편안함 속에서 게으르게 만들고, 뭔가에 미리 기쁨을 누리게 해서 빚지게 만들고 인생을 무너뜨린다. 내가 무엇을 보고 사는지를 분별하자.

충성스러운 청지기

청지기는 남의 것을 잘 관리하는 사람이다. 예수님은 누가복음에서 두 번이나 청지기에 관해 말씀하셨다.

주께서 이르시되 지혜 있고 진실한 청지기가 되어 주인에게 그 집 종들을 맡아 때를 따라 양식을 나누어 줄 자가 누구냐 눅 12:42

청지기에 관한 첫 번째 언급을 보면 청지기가 할 일은 때를 따라 양식을 나눠주는 것이다. 주인의 것을 맡아 때를 따라 양식을 나눠주는 게 지혜이며, 나눠줄 때는 진실함이 있어야 한다.

주인이 이를 때 종이 그렇게 하는 것을 보면, 즉 진실하고 지혜롭게 일하며 때를 따라 잘 나눠주면 그 종은 복이 있다. 주인이 모든 소유를 그에게 맡긴다는 것이다.

이 12장의 청지기는 알겠는데 16장의 불의한 청지기는 왜 칭찬을 받았는지 처음에는 이해가 안 된다.

이 불의한 청지기는 문제가 생겨서 쫓겨나게 되자 머리를 썼다. '내가 할 수 있는 것은 사람들의 빚을 탕감해주는 거다' 해서 사람들에게 증서를 가져오게 하고 얼마씩 탕감해줬다. 기름 백 말을 오십 말로, 밀 백 석을 팔십 석으로 깎아줬다.

그는 이렇게 하면 자기가 퇴직한 다음에 저 탕감받은 사람이 자기에게 도움을 줄 것으로 생각한 것이다. 그런데 이것을 주인이 지혜롭다고 칭찬했다. 놀라운 반전이다.

주인이 이 옳지 않은 청지기가 일을 지혜 있게 하였으므로 칭찬하였으니 이 세대의 아들들이 자기 시대에 있어서는 빛의 아들들보다 더 지혜로움이니라 눅 16:8

이 불의한 청지기가 잘한 게 뭐냐면 사람을 챙긴 것이다. 주인의 소유를 낭비한(1절) 청지기니까 퇴직할 때 돈을 챙기자고 생각할 수 있었을 것이다. 돈이 자기를 지켜준다고 생각하면 그렇다. 그런데 이 사람은 자기 지위를 통해서 사람을 샀다. 즉, 그들에게 도움을 줌으로써 자기 사람으로 만든 것이다.

이 부분이 예수님이 하시고자 한 말씀이었다. 이어지는 9절에서 예수님은 "불의의 재물로 친구를 사귀라"라고 하셨다. 물질보다 돈보다 사람이 중요하다는 것이다. 그리고 하나님이 물질을 주시는 목적은 사람을 돕는 것, 사람을 세우는 것이다.

이 불의한 청지기는 자기가 살 방도도 생각했지만, 어떻게 저 사람을 도와서 같이 잘될까를 생각했다. '저 사람의 이것을 도와주면 나도 도와주지 않을까?'라는 생각. 물론 다 오는 건 아니지만, 이 부분에서 돈이 아니라 사람을 생각한 것이 맞다.

돈을 벌려면 돈에 대해서 생각을 해야 하고 연구도 해야 한다. 돈만 중요하게 여기는 것이 아니라 돈에 관심을 가져서 돈이 무엇인지도 알고 그 흐름도 알아야 한다.

그런데 돈, 돈 하면 의외로 돈이 안 벌린다. 외려 사람을 생각할 때 돈을 벌게 된다. '저 사람에게 뭘 도와줄 수 있을까? 내가 저분을 어떻게 섬길 수 있을까? 저분이 필요한 게 뭘까?' 이런 것을 생각할 때 여기서 아이디어가 나오고 기쁨과 삶의 의미가 나오고 물질도 더불어 따라오게 된다.

하나님이 물질을 주실 때 그 물질로 사람을 사야 한다. 사람을 종으로 사라는 것이 아니고 하나님께로 인도하라는 것이다. 이 일을 잘하면 하나님께서 더 많은 것을 맡기신다.

작은 헌신으로 큰 것을 맡는 청지기

너희가 만일 불의한 재물에도 충성하지 아니하면 누가 참된 것으로 너희에게 맡기겠느냐 눅 16:11

이 말씀이 나는 돈의 가치를 귀하게 여기라는 의미로 들렸다. 돈은 하나님과 겸하여 섬길 대상이 아니다. 하나님이 우리의 주님이시고 이것이 마땅하다. 돈을 섬기면 안 되지만 무시하지 말고 귀하게 볼 수 있어야 한다.

돈으로 할 수 있는 게 참 많다. 기저귀도 살 수 있고 분유도 살 수 있다. 집도 빌릴 수 있고 사람도 살릴 수 있다. 병원도 가게 할 수 있다. 외국인 사역을 하다 보니 외국인들이 의료보험 혜택이 안 돼서 병원에 잘 못 가는 것을 자주 본다. 돈은 가치 있게 쓰면 정말 너무나 가치 있는 것이다.

하나님이 어떤 사람에게 물질을 주실까? 사람을 먼저 생각하는 사람이다. 어떻게 하면 사람을 도울 수 있을까, 하나님이 나에게 물질을 주셨는데 저 사람을 돕고 그의 어려움을 해결하려면 무엇을 해야 할까를 생각하는 사람이다.

한번은 집이 없는 아프리카인을 도와야 하는데 보증금 500만 원이 없어서 애쓰며 기도하고 있었다. 그때 한 단체에서 "와서 사역을 소개하고 간증하면 지원을 받을 수도 있습니다"라고 하여 그렇게 했다.

여섯 단체가 왔는데 제비뽑기로 세 곳을 지원하겠다고 했고, 우리가 마지막으로 뽑혀서 300만 원을 받게 되었다. 얼마나 감사한지! 그런 후에 우리 교회의 한 권사님이 200만 원을 주셔서 그 아프리카인을 도울 수 있었다.

이렇게 누군가를 돕는 사역을 하다 보니까 이런 일들이 많이 일어나고, 그 일 가운데 하나님께서 참 많은 은혜와 기쁨을 주신다. 조지 뮬러 목사님이 5만 번 기도 응답을 받았다고 한다. 나는 5만 번까지는 아니어도 우리 사역에서 받는 은혜의 80퍼센트 이상이 이렇게 물질의 은혜를 받고 다른 사람을 채워주는 것, 사람을 살리는 것이라고 생각된다. 감히, 충성스러운 청지기였다고 고백하고 싶다.

누구라도 할 수 있다고 생각한다. '난 아무것도 없는데?'라는 생각부터 드는가? 아무것도 없으면 마음으로 하면 되고 시간으로 하면 된다. 어려운 사람에게 가서 말로 도와줄 수 있고, 함께 하면서 집 청소도 할 수 있지 않은가.

꼭 돈으로만 할 수 있는 게 아니다. 내게 조금이나마 있는 것을 나누는 걸 주님이 보시고 이 작은 것의 헌신을 통해 더 큰 걸 맡기신다. 우리도 선한 청지기가 될 수 있다.

충성스러운 청지기가 되면 물질을 이동하시는 하나님의 역사를 보게 된다. 얼마나 감격스러운지 모른다. 그리고 나는 감히 말씀드린다. 받는 것도 감사하지만 주는 것도 정말 기쁘고 의미가 있다. 그런 삶에는 보람이 느껴지고 하나님의 역사가 생생하게 나타난다.

구하라, 가장 좋은 것으로 받을 것이다

성경은 물질의 복을 하나님께서 주신다는 것을 거듭 말씀한다. "부와 귀가 주께로 말미암고…"(대상 29:12), "여호와께서 주시는 복은 사람을 부하게 하고…"(잠 10:22), "부귀가 내게 있고 장구한 재물과 공의도 그러하니라"(잠 8:18)라고 말씀한다.

이렇게 물질과 복을 주시는 하나님은 그것을 구하는 자에게 주신다. 그러나 우리는 물질을 구하는 것이 기복 신앙 아닌가 염려가 되기도 한다. 그래서 구하지도 못하는 일이 벌어진다. 물질을 구하는 자체가 이상하게 여겨지는 것이다.

기복 신앙은 하나님보다 물질을 더 우선시하고 더 사랑하는 것이다. 물론 그런 위험성이 없지는 않기에 그러지 않도록 조심해야 한다. 그러나 기복 신앙이라고 해서 구하는 것 자체를 타락한 신앙인처럼 여긴다면 어디 가서 물질을 구하겠는가?

어디 가서 내 마음의 슬픔과 이 간절한 아픔을 누구에게 하소연하겠는가? 사람에게 하겠는가? 사람에게 구하는 것은 아무 소용 없다. 하나님이 우리 아버지시고 우리 사정을 다 아신다. 그 하나님께 구하고 외쳐야 하지 않겠는가?

실제로 우리의 기도는 대부분 경제와 물려 있다. 많은 기도 제목의 밑바탕이 사실은 물질에 대한 간구다. 그런데 간구 잘못하다가 타락한 신앙이 될 수 있다고 해서 이 간구를 아예 안 하고 살 것인가? 이것은 잘못 알고 있는 사람이 많은 것 같아서 예를 들어보겠다.

전도는 은사일까 사명일까? 은사는 몇 사람만 하면 되고 사명은 모두가 해야 하는 것이다. 전도하기가 좀 껄끄러우면 은사라고들 하는데 오해하지 말라. 사명이다. 다 해야 한다. 그런 의미에서 구제는 은사인가 사명인가? 다 해야 하는 사명이다. 그러면 물질을 구하는 건 은사인가 사명인가?

은사는 몇 사람에게 주는 거라서 나는 열외 되어 편안해질 수 있다. 그런데 기도하고 싶지 않은가? 하나님께 간구하여 은혜받고 싶지 않은가? 항상 부르짖는 마음속 밑바탕에 이 간구가 있지 않은가?

하나님은 모든 기도를 다 허락하셨다. "구하라… 찾으라… 두드리라"(마 7:7) 앞에 자격을 제한하는 형용사가 없다. '거룩한 것만', '깨끗한 것만'이 아니라 다 구할 수 있는 것이다. 그러면 구하는데 왜 늦게 오고 안 온다고 느껴질까?

부모로서 나도 자녀가 돈을 달라면 주고 싶지만, 당장 주지 않을 때가 있다. 그 아이에게 더 중요한 것이 보일 때다. 이 돈을 당장 주면 오히려 해가 될 수도 있을 때는 조금 기다리게 하고, 돈 관리하고 제대로 쓰는 것부터 준비하게끔 한다.

이것을 육신의 부모인 나도 아는데 하나님이 모르시겠는가? 하나님이 물질을 주시면 물질의 응답으로 끝날 수 있다. 우리가 그 돈 받아서 쓰고는 끝, 그럴 수 있다. 그런데 물질을 놓고 기도하면 하나님이 다 들으시고 가장 좋은 것을 주신다.

내게 돈 관리하는 법이 필요하면 돈을 주시기 전에 그것부터 가르쳐주신다. 지금 하나님이 응답하시는 것 중에 그런 것도 있다! 그때 돈을 주시는 응답은 없는 것 같지만 기도하는데 이상하게 마음에 감동이 되고, 자꾸 이 감동을 돌아보게 된다. '내가 베짱이처럼 사는 건 아닌가', '나는 성실함이 없는 것 같다', '내가 좀 절제해야겠다' 이런 생각이 드는 것이 응답이다.

왜냐면 이것은 내게 그릇을 만들어주시는 것이기 때문이다. 돈을 주시는 것은 맨 마지막이고, 그 돈을 주시기 위해서 그릇을 만들어가시는 것이 가장 좋은 응답이다.

간절히 구하고 포기하지 말라

조지 뮬러 목사님이 이런 말씀을 하셨다.

"기도는 시작한다는 것으로는 부족하다. 바르게 기도하는 것도, 얼마 동안 계속 기도한다는 것도 충분하지 않다. 믿음을 가지고 꾸준히 기도해야 한다. 우리의 기도를 들으시고 응답해 주신다는 것을 믿어야 한다. 그러나 대부분의 경우 우리는 복을 받을 때까지 기도를 계속하지 못하고 복을 쉬지 않고 기대하지도 않는다."

동의한다. 우리는 끝까지 기도하지 못하고 중간에 "아, 아니구나" 해서 금방 포기해버리기 일쑤다. "나는 열심히 기도했는데?"라고 반문할지도 모르겠지만, 그보다 더 해야 한다. 하나님은 지금 나를 가장 좋게 만드시려고 나를 빚어가시기 때문이다.

물질을 구할 때 물질만 주시는 것이 아니라 잘 관리하고 잘 사용하는 것까지 같이 주시려니 당연히 시간이 필요한 것이다. 내게 얼마나 좋은 응답인가. 감사해야 한다.

이렇게 말하면 당장 필요하다고 조급해하는 사람도 있는데 그에게 내가 묻고 싶다. 그러면 당신이 지금 죽었느냐고. 좀 촉박하고 힘들어서 그렇지 여전히 우리는 먹고살고 있지 않은가.

하나님이 나를 빚어가시는 것을 믿고, 지금 하나님 앞에 다 놓고 구하라. 그러면 하나님이 나를 변화시키시는 은혜가 있다. 내가 계속 물질을 구할 때 기도 제목도 은혜 가운데 바뀌게 하시고, 내게 인내와 절제를 가르치시고, 간절히 간구하는 것 다 가르쳐주신다. 놓지만 않으면 된다. 정말이다.

구제는 나랏님도 못한다는 말이 있을 만큼 어려운 일이다. 구제는 감정에 따라 하면 안 된다. 기분 나쁘다고 중단해서도 안 되고 성실하게 해야 한다. 그런데 구제를 하다 보니 성실도 뛰어

넘어 사명으로 여기고 충성스럽게 해야 함을 깨달았다.

외국인 사역을 하다 보면 이 사람이 도와달라 하고 저 사람도 도와달라 한다. 그런데 돈이 어디 있는가. 쌓아두고 하는 것도 아닌데. 그러면 안 된다는 말을 자꾸만 하게 된다. 겉으로 대놓고 말하지는 못해도 속으로 '그거 안 됩니다. 여기로 오지 마세요'라는 대답도 몇 번 했다.

그러던 어느 날, 기도 중에 하나님께서 말씀하셨다.

'네가 할 일은 그게 아니다. 너는 수용하고 포용하고 그들을 용납하고 사랑하라. 물질은 내가 주는 것이다. 능력은 내게 있다.'

하나님의 일과 내 일이 분명한데 내가 그 짐을 지고서 하나님의 일을 하고 앉아 있다는 것을 하나님께서 깨닫게 하셨다. 이것이 물질의 기도에 대한 응답 아니겠는가!

우리가 생각할 것은 이것뿐이다. '하나님은 나를 아시는 내 아버지시다. 내게 좋은 것을 주시고 나를 최선으로 인도하신다.' 그리고 필요한 것을 다 구하라. 간절하게 구하고 포기하지 말라. 하나님은 그 기도를 다 들으시고, 먼저 만드실 것이 있다면 먼저 빚으시고, 내가 정말 힘들고 없으면 주신다.

말씀 정리

물질의 복을 받는 사람

1. 부지런한 자 – 성실하라. 부지런한 개미를 보고 배워라. 게
   을러질 때 영적 유혹이 와서 돈에 대한 개념이 없어지고 쓰
   기 바빠질 수 있다. 단호히 끊어라.

2. 충성스러운 청지기 – 물질의 목적은 사람을 돕고 살리고
   세우는 데 있다. 그렇게 할 때 아이디어가 나오고 물질이
   따라온다. 이것이 사업과 경영의 원리다.

3. 구하는 자 – 필요를 다 구하고 하나님을 신뢰하라. 물질의
   응답이 바로 오지 않는다면 내게 필요한 다른 것을 채우며
   나를 빚으시는 것이니 끝까지 의지하고 소망하라.

하나님께 물질을 받을 수 있다고요?
물질의 은혜를 받는 3가지 방법

하나님이 은혜를 주시면 문제가 해결된다. 하나님이 물질을 주신다면 해결될 문제가 많다. 물질의 고통에서 벗어날 뿐 아니라 물질이 채워지는 것이 우리의 소망 아니겠는가?

'이 물질은 분명히 하나님이 주신 거다'라고 느끼는 경험을 해 본 분이 꽤 많이 계실 것이다. 나 또한 그런 경험이 있다. 그리고 목회하다 보니까, 하나님이 물질의 은혜를 주시는 사람들이 많이 보였다. 또 물질의 은혜를 주시는 사역도 있다.

내가 알고 경험한 것들을 나누어보고자 한다. 그래서 신학적으로 부족할 수 있다. 그렇더라도, 나처럼 또는 나보다 더 물질의 어려움을 많이 겪고 있는 분들에게 작게나마 도움이 되었으면 하는 마음에, 어떻게 하면 하나님 앞에 물질의 은혜를 받을 수 있는지 3가지로 말씀드리려 한다.

물질을 구하라

앞 장에서 물질의 복을 구하는 것은 기복신앙이 아니며, 다만 물질을 하나님보다 앞세우지 말고 필요한 것을 간구하라고 권면을 드렸다. 하나님께 물질을 받으려면 가장 먼저 할 일은 그것을 구하는 것이다.

너무 당연한 것이라서 이것을 모르는 사람은 없는데 의외로 많은 사람이 생각보다 기도를 안 한다. 그러면 물질이 힘들어질 때 그들은 무엇을 하는가? '걱정'을 한다. 기도를 영 안 하는 건 아니지만 걱정을 훨씬 더 많이 한다. 걱정하고 염려하는 모든 것이 기도를 다 눌러버린다.

전도사 시절에 천만 원이 넘는 큰 빚을 졌다. 감당이 안 돼서 카드를 만들어 그걸로 메꿨다. 경험해본 분들은 그 생활과 그 고통을 잘 아실 텐데, 이렇게 막다가 더는 막을 수 없을 때가 온다. 도움을 줄 사람도 없고 너무 힘들어서 정말 엄청나게 고민하고 걱정했다.

그러다가 "하나님, 도와주세요"라고, 믿음의 기도도 아닌 것 같고 그저 탄식에 가까운 기도를 드렸는데 하나님께서 은혜를 주셔서 귀한 목사님을 통해서 도움을 받게 되고 문제가 두 번이나 해결됐다(다시 한번 목사님에게 깊은 감사의 인사를 올린다).

그 과정을 여기서 일일이 다 말씀드릴 수는 없다. 그런데 그때 깨달은 게 있다. 정말 걱정을 너무 많이 한다는 것이다. 당신은 어떤가?

하나님께서 응답하시고 은혜를 주신 후 나중에 그 과정을 살펴보니 정말 실낱같은 기도를 주님이 들으시고 은혜를 주신 거였다. 탄식하면서 하나님께 도와달라고, 살려달라고 드린 그 기도를 들으셨다.

내가 잘한 게 뭐가 있겠는가? 아무것도 없다. 도와달라고, 살려달라고 하나님 앞에 탄식하듯 마음을 토로했을 뿐인데 하나님께서 그 짧은 기도를 딱 붙잡으셔서 은혜를 주셨다.

이게 사실 오랫동안 반복됐었다. 나는 엎드려서 기도하고, 그러지 않았다. 걱정하고 염려하고, 누군가 잘못한 것이 있으면 화내고, 그렇게 부족했다. 그런데 하나님께서 삶 속에서 내가 원망하고 불평하는 것, 화내는 것, 그리고 짧게 기도하는 것을 보여주셨다. 너무 부끄러웠다.

교회를 개척한 후에 '하나님께 기도하면 하나님이 응답하신다. 성경에 얼마나 많은 하나님의 약속 말씀이 있는가'라는 생각이 들었다. 정말 하나님의 약속 말씀이 너무나 많이 있다.

그러므로 그들을 본받지 말라 구하기 전에 너희에게 있어야 할 것을 하나님 너희 아버지께서 아시느니라 마 6:8

아신다고 한다. 알고 안 주시려는 것이 아니다. 하나님께서 이것을 아시니까 너희는 하나님의 나라와 그 의를 구하라고 말씀하신다. 다 아신다는 건 주시겠다는 것이다.

진실하고 꾸준한 기도로 구하라

교회 재정이 좀 어려워졌다. 무엇을 해야겠는가? 걱정도 됐지만 그래도 이번에는 걱정보다는 기도하겠다는 마음이 들었다. 그래서 새벽마다 기도했는데, 목사로서 죄송하게도 내가 이렇게 원색적으로 기도했다.

"하나님, 십일조 교인 좀 보내주세요. 하나님, 교회 재정이 어렵습니다. 십일조 교인 좀 보내주세요."

내 마음에 있는 그대로 말씀드리며 꽤 오랫동안 그렇게 기도했는데 놀랍게도 하나님이 그 기도를 들어주셨다. 하나님께서 사람을 보내주시고. 특별히 헌금할 수 있는 사람들을 보내주셔서 교회를 든든하게 하셨다. 그때 깨달은 게 있다.

'아, 하나님은 내가 진실한 기도를 하길 원하시는구나. 진실한 기도를 드려야 되겠구나. 힘들면 힘들다는 것, 어려우면 어렵다는 것, 돈이 없으면 없다는 것을 솔직히 말씀드려야겠구나. 그리고 기도를 오랫동안 해야 하겠다.'

그리고 작정 기도를 하는 게 참 좋았다. 나는 작정 기도를 했다. 그리 길지 않은 시간이지만 매일같이 '하나님 도와주세요. 하나님, 역사해 주세요' 하고 재정을 놓고 기도했다.

하나님께 물질을 받는 첫 번째 방법은 구하는 것이다. 한 번만 구하면 안 된다. 꾸준하게, 작정하고 기도하기를 권한다. 그리고 기도할 때 비율을 바꿔라. 염려하고 걱정하고 화내는 것은 확 줄이고 믿음으로 기도하라. 그럴 때, 지금 내 생각으로는, 하나님이 금방 응답하신다.

하나님은 자녀의 필요를 아신다. 하나님은 우리 아버지시다. 내 필요를 아시는 것이다. 내가 얼마나 힘든지 그 슬픔을 아신다. 정말 어떨 때는 기도도 못 했는데도 채워주실 때가 많았다. 내가 목사라서 채워주시는 게 아니다. 여러 번 말씀드렸듯이 신앙이 대단해서가 아니었다. 그냥 주셨다. 아니, 내가 부족한데도 주셨다.

그러니 구하라. 오늘부터 구하고 꾸준하게 구하라. 염려와 불평, 화내는 것 확 내려놓고 믿음으로 구하라. 틀림없이 하나님이 응답하실 것이다.

가난한 사람을 도우라

가난한 사람의 필요를 헤아려라

사역을 하다 보니까, 하나님이 재정을 주시는 사람이 있고, 하나님이 재정을 공급하시는, 물질을 공급하시는 사역도 있었다.

어떤 사람에게 하나님이 물질의 은혜를 공급하시냐면 다른 사람을 돕는 사람이다.

주라 그리하면 너희에게 줄 것이니 곧 후히 되어 누르고 흔들어 넘치도록 하여 너희에게 안겨주리라 너희가 헤아리는 그 헤아림 으로 너희도 헤아림을 도로 받을 것이니라 눅 6:38

헤아리는 것. 그러니까 다른 사람의 필요를 헤아리는 사람, 특별히 가난한 사람의 필요를 헤아리는 사람의 삶과 그 마음을 하나님이 헤아려주신다고 성경은 말씀한다.

이것을 잘하는 사람이 있다. 물론 물질에 여유가 있어서 그렇게 하는 분도 있지만, 생각보다 물질의 여유는 없는데도 다른 사람의 아픔을 잘 헤아리는 사람이 있다. 이 사람의 삶을 보면 틀림없이 하나님이 많이 공급하신다. 큰 거부가 되는 건 아니지만, 물질의 통로가 돼서 그의 삶에 물질이 마르지 않는다.

나는 그런 사람을 여럿 보았다. 한 분은 교회 집사님, 한 분은 권사님, 또 한 분은 장로님이었는데 하나님께서 계속 공급하시는 것을 보았다. 왜 그런가 봤더니, 본인도 때로는 어렵고 힘든데도 어려운 사람이 눈에 보이면 꼭 이렇게 말하며 도와주셨다.

"목사님, 하나님이 저한테 감동을 주세요. 그래서 그 분을 돕고 싶은 마음이 생깁니다."

내가 옆에서 보면서 '아, 저분은 정말 하나님이 돕기를 원하는 사람을 도우면서 그 사람의 마음을 헤아리는구나'라는 생각이 들곤 했다. 그런데 그런 분들이 사람의 마음만 헤아리는 것이 아니었다. 처음에는 그러하더라도 점차로 하나님의 마음까지 헤아리는 것을 보게 되었다.

하나님의 마음을 헤아려라

내 아내는 아프리카 이주민 노동자들의 어린 자녀들을 돌보는 어린이집을 하는데 그녀가 나보다 훨씬 더 잘 돕는다. 나는 내가 더 잘 돕는 줄 알았는데 가만히 보니까 아니었다.

우리가 그들을 돕는 선교센터가 있다. 폐허가 된 철제 공장의 한 공간을 빌려서 사용하는데, 35도가 넘는 더운 여름날 선풍기를 틀면 선풍기에서 히터 바람이 나온다.

그런 곳에서 아내가 아프리카인 임산부 8명을 데리고 말씀을 함께 나누는 시간을 가졌다. 얼마나 더웠겠는가? 그날 아내가 모임 자매들에게 감자탕 점심을 사줬다고 한다. 감자탕이 생각보다 싸지 않은데 그 돈을 지출하고 정말 기뻐했다. 아프리카 사람들이 감자탕을 좋아해서 자기가 감자탕 사줄 수 있는 게 너무 기쁘다고 했다.

그런 아내를 보면서 그녀가 자기도 모르게 하나님의 마음을 헤아리는 것 같다는 느낌을 받았다. 저 사람들에게 필요가 있고 어려움이 있는 걸 자꾸 보면서 가서 도와주려는 마음을 갖는데 그게 내 눈에는 하나님 마음을 헤아리는 것으로 보였다.

아프리카 사람들의 삶이 생각보다 참 어렵다. 그들의 가정에 가서 보면 없는 게 너무 많다. 그러면 아내는 그 없는 것을 자신이 가진 것으로 채운다. 기저귀, 물티슈, 식용유 등 그들의 필요가 보일 때마다 채운다.

그런데 신기할 정도로 하나님이 계속 공급하신다. 진짜 마르지 않는 샘물처럼 공급하신다. 여러 사람이 살펴봐서 본인도 돕겠다고 나선다. 여기에 다 적을 수 없지만 하나님이 정말로 많이 공급하신다는 것을 나는 아내를 통해서 많이 경험했다.

어떤 아프리카인 부부가 출산 후 대구에서 올라왔다. 출산 후에는 일도 할 수 없지만 그에 앞서 산후 도우미가 필요했다. 한국 사람들이야 산후조리원에도 가고, 도우미분들을 어렵지 않게 찾아서 연결할 수 있는데 그들은 그러기 어렵다.

어떻게 하면 좋을까 생각하다가 아프리카 사람 중 일이 없는 엄마를 한 명 지원받아서 산후조리를 돕게 하고 일당을 주기로 했다. 그렇게 한 달을 했는데 거기에 필요한 모든 재정을 하나님께서 공급해주셨다.

여러 사람의 필요를 헤아리고 그들을 도우려 하는 것을 하나님이 기뻐하신 것 같다. 하나님은 그분의 마음을 헤아리는 사람을 기뻐하시며, 그 일에 필요한 것들을 끊임없이 채우신다.

하나님께 꾸어드려라

우리는 소유하고 싶고 저축해 놓고 싶고 물질이 없으면 불안하다. 물질에 대한 그런 태도를 좀 바꿔야 하지 않겠는가? 사실 물질은 저축해서 쌓아 올리라고 하신 것 같지는 않다.

우리가 잘 아는 대로 누가복음 12장에서 어리석은 부자가 소출이 풍성해 창고를 짓고 쌓아 두려고 하자 하나님이 "어리석은 자여 오늘 밤에 네 영혼을 도로 찾으리니 그러면 네 준비한 것이 누구의 것이 되겠느냐"(눅 12:20)라고 하시지 않는가. 아무 소용 없다는 것이다.

그래서 이 물질은, 자신의 필요를 다 없애라는 것은 아니지만, 쌓아 놓기만 하는 게 아니라 다른 사람의 필요를 채우는 일에 사용할 줄을 알아야 한다.

특별히 가난한 사람의 필요를 채울 때 하나님이 정말 공급하신다. 말씀에 약속이 있다.

구제를 좋아하는 자는 풍족하여질 것이요 남을 윤택하게 하는 자는 자기도 윤택하여지리라 잠 11:25

가난한 자를 불쌍히 여기는 것은 여호와께 꾸어드리는 것이니 그의 선행을 그에게 갚아주시리라 잠 19:17

가난한 사람을 불쌍히 여기면서 그의 필요를 채운 사람은 하

나님께 꾸어드린 사람이라는 말씀을 듣고 깜짝 놀랐다. 하나님께 꾸어드린 사람이 어디 있는가? 아니, 하나님께 꾸어드릴 수 있는 사람이 어디 있겠는가. 그런데 하나님께서 그 정도로 기뻐하신다는 것이다.

사람들의 마음을 헤아리는 사람, 더 나아가서 하나님의 마음을 헤아리는 사람은 틀림없이 물질이 마르지 않는다. 그 은혜의 삶으로 같이 나아갔으면 좋겠다.

믿음의 말로 입술을 복되게 하라

내가 유튜브를 하게 된 계기가 있다. 어느 날 운전하면서 라디오에서 간증을 들었다. 수천억의 자산가로서 신실하게 믿음 생활하면서 하나님께 영광을 돌리는 30대 중반의 한 남자 집사님의 간증이었다. 이름을 들으면 당신이 알 수도 있는 분이다.

사회자가 어떻게 그렇게 하나님 앞에 큰 물질의 은혜를 받았느냐고 물어보았을 때 이 집사님의 대답 중에 참 인상적인 것이 있었다. 자기는 공부는 못 했지만 어릴 때부터 정말 자신감 있게 얘기했고, 부정적인 얘기는 하나도 하지 않았다고 했다. 자기 안에 정말 긍정적인 마음과 하나님이 주시는 자존감이 있어서 부정적인 얘기를 할 필요가 없었다는 것이다.

집을 나설 때도 어머니에게 "세계적인 뭐가 될 사람이 나갑니다" 이런 식으로 말해서 어머니가 웃으면서 "너는 얼굴색도 안 바뀌면서 어떻게 그렇게 뻔뻔하게 얘기할 수 있니?" 할 정도로 항상 자신감 있게 말하고 부정적인 얘기를 안 했다고 한다.

그런데 이분은 정말 끊임없이 도전하고 시도하는 삶을 살았고 굉장한 열정이 있었다. 시도도 하나님이 주시는 지혜를 가지고 했다. 계속되는 열정과 시도 가운데 하나님이 은혜를 주시니까 놀라운 부(富)를 받은 것이었다.

그 가운데 끊임없이 그를 이끈 것은 열정과 꿈이었다. 그는 정말 살아 움직이는 꿈을 꾸었다. 자기가 하는 일에 대해서 하나님 앞에 영광을 돌리면서 커다란 뭔가가 이루어지는 것을 소망하며 열정적으로 시도하고, 포기하고 싶을 때도 또 시도했다.

꿈과 열정을 이야기하면 우리와 상관없는 얘기처럼 느껴질 수 있다. 우리가 열정을 갖기 싫어서 안 갖겠는가? 열정이 없는데 어떻게 하겠는가. 꿈을 갖기 싫어서 안 갖겠는가? 꿈이 없는데 어쩌겠는가. 그런데 이분은 그 꿈과 열정이 어디서부터 나왔을까?

"물질의 그릇이 있다"라는 말이 있다. 하나님이 주셔도 그릇이 없으면 받을 수가 없다. 그런데 그릇을 만드는 가장 핵심적인 요소가 언어에 있었다.

이분은 부정적인 얘기를 하지 않고 자기 안에서 일어나는 긍정의 말, 그리고 특별히 믿음의 말을 많이 했는데 나는 이것이 물질의 그릇을 만드는 가장 중요한 요소라고 생각한다.

"믿음은 바라는 것들의 실상이요 보이지 않는 것들의 증거니"(히 11:1)라는 말씀과 같이 믿음의 말은 믿음의 말로 끝나지 않고 실현된다.

그가 하나님이 주신 꿈을 갖고 나아가며 계속해서 열정이 오른 것, 시도할 수 있는 능력과 힘이 안에서부터 나온 것은 하나님이 주신 것이었다. 그 비결은 부정적인 얘기를 하지 않고 믿음의 말을 한 그의 언어 생활에 있었다.

말이 바뀌면 믿음도 삶도 회복된다

간증을 듣고 나서 차를 세웠다. 한참 동안 "와…" 소리밖에 나오지 않았다. 내게 주신 은혜였다. 이거다 싶었다. 얼마나 내가 부정적인 얘기를 많이 했던가. 곧바로 결심이 섰다. '나 이제부터 부정적인 얘기는 한마디도 안 할 거다'라고.

하나님께서 그렇게 은혜를 주실 때가 있는데 내가 그때 은혜 받을 때였던 것 같다. 그때부터 8개월 동안 부정적인 얘기를 하지 않겠다고 결심하고, 강단에서도 선언했다. 그리고 부정적인 말을 하지 않기 시작했다. 그런 말이 올라올 때도 있었으나 그때마다 "안 한다" 하고 끊었다.

부정적인 얘기를 안 하다 보니까, 내가 부정적인 얘기를 얼마나 많이 하는 사람이었는지를 알게 됐다. 그리고 마음이 점점 온전해졌다. 내 마음에서 하나님이 주시는 긍정의 말들이 없어지지 않는 것을 문득 깨닫고 이런 생각이 들었다.

'야, 내가 부정적인 말로 믿음을 다 없앴구나! 내가 부정적인 말로 하나님이 주시는 복을 다 없애버렸어. 내가 하나님이 주시는 은혜를 부정적인 말로 다 없애버렸구나. 정말 내 입술이 생의 수레바퀴를 불사르는 못된 입술이었구나. 못된 말만 했었구나. 지옥불에서 나오는 혀를 갖고서 내가 내 인생을 파멸로 인도했구나!'

그걸 알게 되었다. 그 8개월 동안 내 삶이 정말 많이 회복됐다. 나는 이제 이렇게 말한다. 다 회복됐다고. 마음만 회복된 것이 아니라 믿음도 회복되고, 믿음뿐만 아니라 열정이 회복됐다. 열정이 회복되니까 꿈이 생겼다.

나는 꿈과 열정, 특별히 꿈은 내 삶과는 무관한 거라고 생각했다. 꿈은 그냥 학창 시절에 꾸는 그런 꿈이고, 아니면 특별한 사람이 꾸는 거지 나 같은 사람도 꿈을 꿀 수 있다고는 생각하지 않았다. 그런데 꿈이 생겼다. 언어에 있었다. 언어!

오늘부터 하면 된다. 지금 하나님이 주시는 물질을 받고 싶지 않은가? 삶이 완전히 회복되기를 바라지 않는가. 그러면 시도도 좋은 시도를 하면 된다. 내 입술을 바꾸는 것이다. 인생을 바꾸긴 어려워도 입술을 바꾸는 건 그리 어렵지 않다.

그리고 이것을 바꿀 때는 한 번에 딱 끊는 것이 좋다. 조금씩 하면 안 된다. '탁 끊겠다. 내가 오늘부터 안 하겠다' 결단하고 실천해보자. 하다 보면 한두 개씩 툭툭 튀어나올 때도 있는데 그래도 거기서 멈추고, 부정적인 말을 하지 않겠다고 새롭게 결심하면 쑥 들어간다.

이 삶을 한번 살아보라. 굉장히 많이 달라진다. 단순히 부정적인 얘기 안 하는 것으로 끝나는 것이 아니라 인생이 바뀌고 놀라운 일들이 일어난다. 물질의 회복뿐만 아니라 인생의 회복을 경험할 것이다.

하나님이 주시는 물질을 받으려면

1. 어려울 때 염려하고 분노하기보다는 먼저 구해야 한다. 구하면 받는다. 너무 작게 구하지 말고 그 폭을 좀 크게 구하라. 길게 구하되 특별히 기간을 정해놓고 기도하는 것을 하나님이 기뻐하신다. 믿음으로 기도할 때 더 기뻐하시니 기도 응답의 믿음을 가져라.

2. 하나님의 마음을 헤아리는 사람이 되어라. 성경은 특별히 가난한 사람들을 불쌍히 여기고 그들을 돕는 사람은 하나님께 꾸어드리는 자라고 말씀한다. 어려운 사람을 돕는 구제의 삶에는 반드시 상급이 있다. 하나님이 물질을 공급하셔서 물질이 마르지 않는 인생이 된다.

3. 입술을 복되게 바꿔라. 긍정적인 말, 믿음의 말을 하라. 부정적인 얘기를 하지 않겠다고 결심하고 절제하라. 실패해도 굉장히 의미가 있으니 다시 하면 된다.

14

예수님을 만나려면 어디로 가야 하죠?

하나님의 마음을 헤아리는 사람이 가는 곳

이 땅에서 살아가는 우리에게 재물의 필요는 매우 실제적이고 작지 않은 문제다. 그러나 이 땅에서 누리는 가장 큰 복은 사실 재물과 부귀가 아니라 예수님과 동행하는 것이다.

성경을 읽거나 기도하면서도 우리는 예수님을 만나기를 소망하지만 사실 어디로 가고 어떻게 해야 그분을 만날 수 있을지는 좀 막연하다. 그런데 예수님을 만날 수 있다! 예수님이 일하시는 곳에 가면 만날 수 있다. 그곳이 어디인지 알기만 한다면!

복음서를 보면, 예수님이 모든 곳에 가셨지만 머무시는 장소가 있었다. 그 장소에 가면 항상 예수님이 계셨다. 오늘도 마찬가지다. 예수님을 만날 수 있는 장소가 있다. 예수님이 일하시는 곳, 그분이 항상 계시고, 먼저 와서 우리를 부르시는 그곳은 어떤 곳일까?

가난하고 병든 사람 곁에 계신다

당연하게도 예수님이 계신 곳은 가난하고 병든 사람들이 있는 곳이었다. 요한복음 5장에서 예수님은 명절날 예루살렘에 올라가시면서 베데스다 연못에 가셨다. 거기에는 병자들과 맹인, 다리 저는 사람, 혈기 마른 사람들이 누워 있었다.

그들은 천사가 연못에 내려와 물을 움직일 때 제일 먼저 들어가는 사람이 낫는다고 믿으며 천사를 기다렸다. 예수님은 그곳에 가셔서 한 사람만 고치시고 자신을 믿게 하셨다.

실제로 내가 사역하는 파주 지역을 보면, 지금은 조금 발전하는 면모가 있지만 그래도 아직 열악한 곳이 있는데 바로 연풍리다(앞서 언급했던 용주골도 이곳에 있다). 이 지역에 가서 반찬 사역을 하며 예배를 드리는데, 가보면 참 어렵고 힘든 분이 많다.

특히 기억나는 한 분은 '박 집사님'이다. 젊을 때 벽돌 공장에서 한쪽 팔을 잃었고, 나이가 드니 팔뿐만 아니라 온몸이 여기저기 다 아프셨다. 얼마나 약을 많이 드셨는지 소화가 안 되고 또 드시는 족족 화장실에서 다 쏟으셨다.

집에 가보면 늘 누워 계셨다. 당시에는 요양보호사 제도가 없던 때라 그 분에게는 아무도 없었다. 의사도 없고 찾아오는 사람도 없고, 딸이 한 명 있다는데 연락이 되지 않는 상태였다. 이분에게 천사는 딸이었을 것 같다. 운신이 불편한 몸으로 누운 채 딸이 오기만을 기다렸을 텐데 아무도 오지 않는 모습을 보는 내 마음은 너무 슬펐다.

일어나지 마시라 하고 침대 머리맡에서 찬송을 부르는데 '이분을 치료할 방법도 없는 것 같고, 이분에게는 찾아오는 사람도 아무도 없구나'라는 생각이 들어 '하나님, 아무도 없습니다. 하나님께서 이 시간에 역사해주셔서 이분을 치료해주세요'라고 기도하는데 기도 가운데 하나님이 마음의 감동을 주셨다.

'아무도 없는 것이 아니다. 내가 이 아들과 함께하고 있다.'

그래서 "박 집사님, 아무도 안 계신 게 아니랍니다. 하나님이 지금 집사님과 함께하십니다. 함께하신다고 말씀하셨습니다"라고 알려드리며 은혜를 나누었다. 그때 알게 되었다.

'아무도 없는 것이 아니구나! 예수님이 바로 이분과 함께하시는구나. 이분을 사랑하시는구나. 예수님이 이런 분이시구나. 정말 가난하고 병들고 아무도 찾아오지 않는 분에게 오셔서 함께하시면서 같이 슬퍼하시고 그 마음을 위로해주시는구나!'

이런 일들을 통해 나는 실제로 예수님의 함께하심을 믿게 되고 그분을 더욱 사랑하게 되었다.

이렇게 예수님의 마음을 느낄 수 있는 장소가 있다. 예수님의 마음이 있는 곳에 바로 그분이 계신다. 가난한 사람에게 가면 예수님을 만날 수 있고, 그분의 마음을 느낄 수 있고, 가난하고 병든 자와 함께하시는 예수님을 또 알게 된다.

연약한 자 곁에 계신다

예수께서 어린아이들을 불러 가까이하시고 이르시되 어린아이들이 내게 오는 것을 용납하고 금하지 말라 하나님의 나라가 이런 자의 것이니라 눅 18:16

예수님은 어린아이들과 함께하신다. 그중에서도 좀 힘들고 어려운 어린아이들이다. 그런 어린아이가 많이 있는데 그중 내가 아는 아이들은 바로 아프리카 노동자의 자녀들이다. 부모들이 아이들을 두고 다 돈 벌러 가야 하니까 이 아이들은 깨끗하지 않은 환경에 방치될 수밖에 없었다.

6,7년 전에 하나님의 은혜로 아프리카 노동자의 아이들을 돌볼 수 있는 어린이집을 시작하게 되었고 지금 약 20명 정도를 돌보고 있다. 아이들을 처음 돌보게 됐을 때 아내가 아이들과 함

께 예배를 드리고 찬송을 불렀다.

"예수 사랑하심은 거룩하신 말일세 우리들은 약하나 예수 권
세 많도다 … 내가 연약할수록 더욱 귀히 여기사 높은 보좌 위에
서 낮은 나를 보시네. 날 사랑하심 날 사랑하심 날 사랑하심 성
경에 써 있네."

아이들이 대개 그렇지만 아프리카 아이들은 특히 눈망울이
크다. 그런데 찬송을 부르던 아내가 카포라는 남자아이의 눈에
서 예수님을 보았다고 한다. 예수님이 계시더라는 것이다. 이 땅
에 노동자의 모습으로 왔지만, 그 아이들과 함께하시는 예수님
을 이렇게 또 발견했다.

그런데 예수님이 말씀하신 '어린아이'는 나이가 어린 어린이
만을 가리키는 것이 아니다.

주중에 연풍리 지역에 가서 예배를 같이 드리는데 어르신들
이 지팡이 짚고, 휠체어나 전동 휠체어를 타고 많이들 오신다.
나이가 많고 천국 갈 날이 얼마 남지 않은 이 연로한 '어린아이'
들이 예배를 드릴 때 하나님이 마음에 은혜를 참 많이 주신다.
이분들에게 이렇게 설교한 적이 있다.

"어르신들이 젊을 때는 많은 사람이 찾아오고, 또 돈이 있을
때는 친구도 하지만 지금 나이가 들어 힘들고 병도 들고 가난하

니 누가 찾아오십니까? 찾아오는 분이 별로 없으시죠. 가족도 안 찾아오지 않습니까.

그런데 예수님은 그렇지 않으세요. 예수님은 지금 어르신들을 사랑하십니다. 그분은 내가 연약할수록 더욱 귀히 여기사 높은 보좌 위에서 낮은 나를 보시는 분입니다."

지금 내가 너무 초라하고 약하고 쓸모없이 보일 수도 있지만 예수님은 그렇게 보지 않으신다. 정말 내가 연약할수록, 내가 사람들에게 버림받은 모습으로 있을수록 예수님은 내게 오셔서 나를 사랑하신다. 사람들은 다 나를 버려도 그분은 나를 버리지 않으시고, 사람들은 다 외면해도 예수님은 외면하지 않으신다. 정말이다. 이건 보장한다.

가난한 심령의 예배자와 함께하신다

아프리카 노동자들이 여기서 하루하루 정신없이 일하다 보면 비자 생각을 까맣게 잊고 있다가 갱신을 못 해 비자가 만료되는 경우도 있다. 그러면 불법체류자가 되어 출입국 관리소에서 신고가 들어가고, 그쪽으로 잡혀가게 된다.

그렇게 해서 잡혀간 부부가 있었다. 우리가 남은 두 아이를 돌보면서 법의 테두리 안에서 여러 가지 방법으로 애썼는데 정말 하나님의 은혜로 1주일 후에 그들이 나왔다. 그렇긴 해도 언제 출입국 관리소에서 사람이 나와 문을 두들길지 몰라 이 부부는 두려움 속에 계속 마음을 졸여야 했다.

주일에 이 부부가 와서 예배를 드렸다. 두 손을 모으고 "하나님 감사합니다. 구해주셔서 감사합니다", "하나님 감사합니다. 저희를 살려주셔서 감사합니다"라며 기도하는데 그들의 마음이 너무나 가난했다. 그 가난한 심령을 보는데 하나님께서 이들의 마음을 받으시고 예배를 받으신다는 것이 분명히 느껴졌다.

그들이 두 손을 높이 들고 경배하고 찬양할 때 '예수님이 이들과 함께하시는구나, 하나님 앞에 영광을 올리는 이 부부의 예배를 하나님이 받으시는구나'라는 마음이 확실히 들었다. 출입국 관리소에 잡혀갔다가 나와서 하나님 앞에 간절히 기도하고 찬송하는 노동자 부부의 예배에 예수님이 함께하셨다.

아버지께 참되게 예배하는 자들은 영과 진리로 예배할 때가 오나니 곧 이 때라 아버지께서는 자기에게 이렇게 예배하는 자들을 찾으시느니라 하나님은 영이시니 예배하는 자가 영과 진리로 예배할지니라 요 4:23,24

영과 진리로 예배하는 자. 이런 예배자에 관한 말씀을 들려주신 대상은 정오에 물 길으러 나온 사마리아 여인이었다. 예전에 나는 성경에서 이 여인을 볼 때면 진짜 남편이 많은 여인이고 삶이 좀 온전하지 못한 사람일 것으로 생각했다.

그런데 어느 날, 예수님은 이렇게 사람들에게 손가락질받고 외면당하고, 인생이 슬픈 환경 속에서 그 마음 중심에 뭐가 있는지를 보신 것 같다는 생각이 들었다. 예수님이 아무한테나 가서 이런 말씀을 하셨겠는가?

그 여인에게는 상하고 가난한 심정과 간절한 마음으로 하나님 앞에 예배드리고자 하는 마음이 있었던 것 같다. 그래서 예수님이 "예배는 영과 진리의 예배로 드리는 거다. 하나님이 그 예배를 찾으신다"라고 예배를 가르쳐주신 게 아닐까?

나는 그 말씀이 '영', 마음 중심으로 예배드리고, '진리', "하나님은 진리이십니다. 하나님은 참되십니다. 내 마음의 구주이십니다"라는 고백으로 예배드릴 때 하나님이 그 예배를 받으신다는 의미로 마음에 와닿았다.

우리가 누구를 의지해야 하겠는가. 예수님밖에 없다. 우리 마음 중심의 슬픔을 아는 분도, 마음의 안타까움을 아는 분도 예수님이시다. 그래서 이 마음을 갖고 하나님 앞에서 진정으로 예배드리고 높이 찬양할 때 예수님이 그곳에 계신다.

예수님이 계신 삶의 현장으로 오라

나는 이렇게 해서 진짜 예수님을 믿게 됐다. 나는 강퍅한 사람이었다. 목사니까 예수님을 당연히 믿고 그분을 나의 구주로 영접한 것이 아니라 목사가 되어서 예수님을 믿게 되었다.

신학교 과정도, 또 여러 가지 사역도 너무 귀하다. 그러나 정말로 내가 예수님을 내 마음의 구주로 영접하고 그분을 믿고 사랑하게 된 것은 목회와 사역 현장에서 이렇게 예수님, 좋으신 예수님을 만났을 때였다.

목사로 섬기면서 예수님이 이런 분이라는 사실을 삶의 현장에서 발견했다. 가난하고 병든 사람들과 함께하신 예수님, 사람들이 다 버려서 연약한 자들이 혼자서 슬프게 우는 장소에서 떠나지 않고 그들을 보살피고 사랑하시는 예수님을 삶의 현장에서 발견했다. 정말 가난하고 병든 자와 함께하며, 그들을 떠나지도 버리지도 않으시는 예수님을 발견했다.

연약하고 아무도 돌보지 않는 이들, 소외되고 외면받는 이들을 찾아와 아픔을 함께하시는 예수님을 그 장소에서 실제로 느졌다. 그리고 힘들고 어려운 가운데 바라볼 수 없는 중에 마음의 간절함을 다해서 하나님께 예배드릴 때 그곳에 예수님이 계셨다.

나는 힘들 때마다 그곳들을 찾아간다. 그 장소에 가면 가난하고 병든 자들과 함께하신 예수님, 연약한 자와 함께하신 예수님, 마음을 다해서 하나님을 높이 올려드리는 예배자와 그 예배처에 함께하시는 예수님이 어김없이 계신다. 가서 처음에 안 보일 때는 찾아본다. 그러면 예수님이 거기 계신다.

당신도 오늘 예수님을 만날 수 있다. 주위를 살펴보라. 예수님이 계신 곳으로 찾아가라. 예수님이 당신을 사랑하신다. 그분을 다시 바라보면서 예수님 손 붙잡고 일어나 힘내시기를 바라며 축복한다.

저도 하나님께 쓰임 받고 싶어요
자신도 모르게 쓰임 받는 사람의 3가지 특징

목회를 하면서 적지 않은 사람들을 만나고, 봐 왔는데 하나님이 쓰시는 사람에게 공통적으로 나타나는 뚜렷한 특징이 있었다. 그것을 나누려고 하는데, 그렇다고 "이런 사람이 쓰임 받습니다. 이렇게 되세요"라는 말씀을 드리려는 것이 아니다.

보통 쓰임 받는 사람이라면 그 모습은 은혜가 넘친다든지 일이 잘 풀린다든지 이럴 것으로만 생각했는데, 생각지도 못한 모습 가운데 하나님이 쓰신다는 것을 알게 되었기 때문이다.

자기가 하나님께 쓰임 받고 있는데 그것을 모르는 사람들이 많다. 하나님께 쓰임 받는 일이 나에게 이미 일어나고 있는데 자기도 그것을 알지 못해 은혜를 받지 못하는 경우가 있어서 그것을 말씀드리려고 한다.

자기 계획대로 안 된다

몹시 더운 날씨에 아프리카인 자매가 세 아이를 데리고 이사를 왔다. 너무 대책이 없는 자매라 아내가 그 집에 가서 반찬이며 이것저것 챙겨주었다. 필요한 것들이 더 있어서 마트에 가서 수박, 화장지 등 여러 가지를 사고 돌아가는데 부동산에서 연락이 와서 보증금이 아직 안 들어왔다고 한다.

아내가 그 자매에게 전화해 얘기하니 나와야 하는 집에서 보증금을 안 줘서 돈이 준비되지 않았단다. 오늘 바로 입금해야 하는데 대책이 없어도 이렇게 없을 수가! 옆에서 아내의 통화 내용이 다 들리는데 내가 들어도 이건 너무 속상할 것 같고, 더운 날씨에 혈압 좀 올라가겠다 싶었다.

보증금 문제가 하나님의 은혜로 간신히 해결된 후, 차 뒷자리에 있는 아까 장 본 것을 가리키며 "이거 주기 싫지?" 하고 그냥 한번 물어봤는데 아내가 아니란다. 속을 썩이기는 했지만 그래도 그 엄마와 아이들이 나쁜 환경에서 좋은 집으로 이사를 해서 행복해 할 것을 보니 마음이 너무 기쁘다는 것이다.

장 본 것을 들고 그 집에 가보니 엄마는 약간 넋이 나간 모습이었다. 참 마음도 아프고, 저 자매가 한국에서 어떻게 살 수 있을까 답답하기도 했다. 애들은 어려서 다 누워 있는데 가만 보니 좀 말랐다. 아프리카 아이들이 잘 마르지 않는 편이라 마음에 걸려 애들 밥은 췄냐고 물으니 좀 있다가 라면 줄 거라는데 끼니로 먹일 것이 아무것도 없었다.

아내가 장 봐 온 것들로 간단히 조리해주고 나와서 선교센터에 가서 업무를 보았다. 마치고 귀가하려는데 아내가 그 집에 선풍기가 없으니 갖다주고 싶단다. 그러자 하고 선풍기를 들고 가는데 두 개 가져가는 줄은 몰랐다. 게다가 하나는 중고지만 또 하나는 새것이었다.

"아니, 선풍기 하나만 주면 됐지, 뭐 새것까지 주려고 해? 자기가 준비할 수 있는데."

그래도 아내는 이왕 준비한 거 다 주자고 했다.

가서 선풍기만 주고 바로 온 것이 아니었다. 현관문을 달고, 가구를 재배치하며 제대로 자리를 잡아주고 집도 청소해주었다. 이렇게 몇 번을 왔다 갔다 한 후 이제 다 했다고 해서 나는 그런 줄 알고 차에서 쉬고 있는데 아내는 그 더운 날, 한 번을 더 갔다가 땀을 삘삘 흘리며 돌아왔다.

사실 그날은 아내가 3일 금식을 마치는 날이었다. 집에 가는 길에 주문해놓았던 죽을 받아 가는데 제대로 걷지를 못했다. 아까는 어떻게 다녔냐고 하니 그때는 힘이 났단다. '아, 조금 더 헌신하는 게 큰 차이구나. 조금 더 어려워도 가서 도우려는 마음이 하나님이 인도하신 마음이구나' 싶었다.

계획이 아니라 감동 주시는 대로

옆에서 아내가 일하는 것을 보고 있자니 하나 아쉬운 것이 있었다. 좀 계획을 했으면 좋겠다는 거였다. 꼭 철저하게 계획하고 그렇게 맞출 필요는 없지만, 계획하는 것은 중요하고 좋은 것이다. 그러나 계획하고 아프리카 사역을 하는 것은 정말이지 쉬운 일이 아니다. 그 자매들이 워낙 계획이 없기 때문이다.

그런데 가만히 보니 아내는 '계획대로'가 아니라 '감동 주시는 대로' 움직이고 있었다. 그래서 두서가 없어 보이긴 하지만 그 가운데 하나님이 일하시고 역사하셨다.

옆에서 나는 내 머리로 계산하고 계산기를 두들기면서 답이 안 나와 조급해지는데 아내는 그런 계산기가 없어도 가보면 일이 풀리곤 했다.

'아하, 이게 하나님이 쓰시는 사람의 모습이구나!'

우리는(아니, 내가 그렇다) 너무 계산하고 준비한다. 다 자기가 한다. 그러다 보니 하나님이 일하실 타이밍이 없다. "하나님 의

지합니다. 하나님께 맡깁니다" 하면서도 계획은 내가 다 짜고 계산은 내가 다 하니 하나님이 역사하실 틈이 없다.

하나님이 인도하시고 하나님이 쓰시는 사람들의 특징은 자기 계산이나 계획보다는 하나님이 인도하시는 감동에 따라 움직이고, 그런 상황이 된다는 점이다.

바울이 얼마나 똑똑한 사람이었는가. 최고의 지성이었다. 나는 그가 상당히 치밀하고 계획적인 사람이었다고 확신한다. 그런데 사도행전을 보라. 그 치밀함이 다 어디로 갔는가.

전도 여행을 계획해서 비두니아로 가려고 애쓰는데 예수의 영이 허락하지 않으시니 억지로 그곳에 가지 않았고, 결국 마게도냐 사람의 환상을 보고 곧 마게도냐로 떠났다(16장).

바울도 이렇게 자기 계획이 아니라 성령의 이끄심을 따라 움직였지만, 바울뿐만 아니라 빌립, 베드로 등 성령께서 인도하시는 사도행전의 사람들은 다 그렇게 성령의 감동을 따라갔다.

하나님이 쓰시는 사람은 계획대로, 계산대로 되는 것이 아니라 감동을 따라 움직이게 된다. 그런데 정작 본인도 그 사실을 잘 모르고 그저 '나는 왜 이렇게 일이 안 되지? 왜 이렇게 계획대로 안 되지?' 이렇게만 느낄 것이다.

혹시 당신에게도 이런 경험이 있거나 이런 일들이 일어나고 있다면 지금까지 너무 내 계획대로 돼서 일이 안 된 것은 아닌지 한번 생각해보라. 하나님은 저렇게 하기를 원하시는데 내가 이렇게 하려는 계획을 고수하고 있는지도 모르니.

목말라 한다

하나님이 쓰시는 사람의 모습 중에는 '목마름'이 있다. 목마름은 말 그대로 목이 타는 것이고, 영적으로 얘기하면 마음이 안 채워지는 것이다.

수가성 우물가에서 예수님이 사마리아 여인을 만나주셨다. 물을 길으러 온 그녀에게 물 좀 달라며 말을 거시고, 여인이 거절하자 "물을 달라고 하는 이가 누구인지 알았더라면 네가 내게 생수를 구했을 것"이라며, 이 물을 마시는 자는 영원히 목마르지 않으리라고 하신다.

그런데 여인이 그 물을 자기에게 달라고 하자 이 상황에 맞지 않는 말씀을 하신다. 남편을 불러오라고 하신 것이다. 여인이 자기는 남편이 없다고 하자 그 말이 옳다면서 "너에게 남편 다섯이 있었고 지금 있는 자도 네 남편이 아니다"라고 하신다.

그녀에게는 총 6명의 남편이 있었다. 이유가 어떠했든 6명의 남편을 거쳐 간 삶을 산 것이다. 왜 그녀는 6명의 남편을 뒀을까? 남편이 필요한 것인가, 남자가 필요한 것인가? 둘 다 필요했으리라.

그런데 남편이 그렇게 많은 것이 정상일까? 남편에게서 벗어나지 못하는 마음이 있었던 걸까? 혹시 '남편'이라는 것에, 아니, '남자'에 중독된 건 아닐까? 왜냐하면 벗어나지 못하기 때문이다. 벗어나고 싶은데 벗어나지 못하는 것이 중독이다.

한편, 자기를 다 아는 이 남자분에게 여인도 좀 생뚱맞은 질문을 한다. "당신이 선지자로군요" 하고는 "우리 조상들은 사마리아 여기서 예배를 드리는데 당신들 유대인은 예루살렘에서 예배를 드리는 것이 옳다고 얘기합니다. 어느 곳이 맞습니까?"라고 묻는다.

예수님은 장소가 중요한 것이 아니라며 "하나님은 영과 진리로 예배드리는 자들이 마음으로 드리는 예배를 받으신다. 네가 어디 있든지 그곳에서 마음을 다해서 하나님께 예배드리면 하나님이 그것을 받으시고 그런 예배자를 찾으신다"라고 대답하신 후 자신이 '그리스도라고 하는 메시아'이심을 알려주신다.

그러자 여인이 완전히 뒤집히고 성령의 충만함을 받아 완전히 다른 사람이 된다. 여섯 번째 남편까지도 아무런 도움이 되지 않았는데 예수님이 등장하시자 그녀의 인생이 채워졌다.

하나님이여 사슴이 시냇물을 찾기에 갈급함같이 내 영혼이 주를 찾기에 갈급하니이다 시 42:1

그 여인을 보니 목마른 사슴이 떠올랐다. 그동안 그녀에게는 남편들이 곧 주님처럼 느껴지지 않았을까? 이것은 내 의견이고 다른 해석이 있을 수 있지만, 여인은 갈급했던 것 같다. 그나마 자기에게 채워지는 게 남편이었다. 그러나 살다 보니 또 안 채워졌다. 그래서 다른 남편, 또 다른 남편, 또 다른 남편….

그런 여인의 모습을 보는데 하나님께서 사실은 남편을 찾는 게 아니라 주님을 찾는 모습이라는 것을 알라고 말씀하셨다.

'이 여인이 다섯 명의 남편을 찾는 것은 그가 갈급해서 주님을 찾는 모습이다. 그가 찾는 것이 주님인데 본인이 모르고 있는 것이다. 마지막에 예수님을 만나자 그 모든 것이 채워진 것을 네가 보느냐.'

중독의 갈급함은 예수님을 찾는 목마름이다

그 여인의 모습을 보면서 나는 중독의 어려움을 당한 분들이 생각났다. 사실 중독되고 싶어서 중독된 사람이 몇이나 되겠는가. 자기가 갈급해서 뭔가를 찾다가 거기 빠진 것이다. 그게 술이든 담배든 무엇이 되었든.

나도 경험해봤지만 술이나 담배가 처음부터 좋은 게 아니다. 담배 연기 처음 맡으면 얼마나 따갑고 기침이 나는지 모른다. 그것을 다 참고 극복하면서 하다가 점차 거기에 맛을 들이게 된 것이다.

중독은 뭔가를 찾고 싶어서 막 찾다가 이런 것에 맛을 느낀 것이다. 사실 주님으로 채워져야 할 자리를 담배, 술, 때로는 사람, 돈, 때로는 성적인 것, 오락, 이런 것들로 대신하는 것이다.

내가 막 갈급해서 찾다가 중독된 것인데 사실은 그 갈급함이 하나님을 찾고 예수님을 찾는 갈급함이었다. 그 갈급함이 멈추지 않고 계속 일어나는 것이 바로 그를 부르시는 예수님의 모습이다. 이게 하나님이 쓰시는 사람, 자기는 모르는데 하나님이 쓰시는 사람의 모습이다.

그렇다면 예수님을 만나면 이 모두가 다 해결된다는 얘기다. 혹시 지금 무엇인가에 중독돼서 너무 좌절되고 절망스러운가?

낙심하지 말기를 바란다. 그 중독이 바로 예수님을 찾고 사랑하고 갈급해하는 강도(強度)다. 그 정도로 내가 예수님을 찾고 있었다는 것이다.

여섯 남편을 두었던, 남자 중독이었던 수가성 사마리아 여인이 예수님을 만나 예수님으로 채워질 때 그 갈급한 중독이 한 번에 다 풀려서 자유케 되었다. 그래서 물동이를 버리고 "그리스도를 내가 봤다"라고 그 자유함으로 외쳤다.

뒤집어 말하면, 그 자유함이 오기 전에는 내 삶에서 갈급함이 없어지지 않는다는 것이다. 갈급함이 없어졌다면 그 여인은 멈췄을 것이다. 예수님을 만나기 전까지는 그 갈급함이 없어지지 않는 게 맞다.

대상을 바꾸면 된다. 바꿀 때는 그냥 주님 앞에 나아가면 된다. 가장 쉬운 것은 예배의 자리에 자꾸 나아가는 것이다. 예배 자체가 주님을 찾는 것이다. 그러면 지금까지는 술, 담배 등 이것저것 찾고 지금 중독된 그것을 찾았다 해도, 점점 성령께서 내 마음에 오셔서 은혜를 채워주실 것이다.

그러면 맛이 바뀐다. 하나님이 주시는 참된 영적 기쁨을 맛보게 되어서, 세상에서 중독된 맛으로부터 점점 바뀌고 결국에는 이 여인처럼 자유케 된다. 중독이 한 번에 없어질 수도 있고 순차적으로 조금씩 사라질 수도 있다. 중요한 건 없어진다는 사실이다. 그게 우리에게 예수님이 보여주시는, 하나님이 쓰시는 사람의 기쁨의 모습이다.

삶에 가지치기가 일어난다

살다가 재정의 고난을 만날 때가 있다. 대출이 막히거나 은행 거래가 어려워지는 등의 일로 생각지도 못한 어려움을 겪을 수 있다. 작은 고난이면 '그럴 수도 있겠지' 하지만 큰 고난에는 기가 막혀서 '하나님, 저한테 왜 그러세요. 제가 뭐 잘못한 게 있나요?' 이렇게 묻게 된다.

언젠가도 큰 재정 고난으로 마음 아프고 힘든 적이 있었다. 당시는 새벽 예배에서 에스겔서를 설교하며 은혜를 나눌 때였는데 17장 본문에 포도나무 이야기가 나온다. 이 포도나무는 하나님의 자녀를 상징한다.

설교 후에 아내가 질문을 던졌다. 요한복음 15장을 보니 포도나무의 가지를 치는 얘기가 나오는데 가지를 자르는 것은 포도나무를 깨끗하게 하고 더 많은 열매를 맺게 하기 위해서가 아니냐고. 아내는 무심히 물었으나 나는 맞다고 대답하다가 가지치기와 내 어려움이 확 연결되는 것을 깨달았다.

'아, 그렇구나! 하나님께서 그분이 쓰시는 사람의 삶에 개입하실 때는 좋지 않은 가지를 잘라내는 모습이 있구나.'

나는 참포도나무요 내 아버지는 농부라 무릇 내게 붙어있어 열매를 맺지 아니하는 가지는 아버지께서 그것을 제거해 버리시고 무릇 열매를 맺는 가지는 더 열매를 맺게 하려 하여 그것을 깨끗하게 하시느니라 요 15:1,2

그렇다. 나무마다 가지가 있고 거기에 열매가 맺힌다. 그런데 모든 가지가 다 좋은 것은 아니어서, 썩고 부패한 가지는 잘라내야 좋은 가지에 제대로 양분이 공급되어 좋은 과실이 맺힌다. 순간 이런 생각이 들었다.

'아, 내가 재정을 사용할 때 예수님에게 붙어있지 않은 어떤 잘못된 모습이 있었겠구나! 예수님이 아니라 다른 곳에 붙어있는 부패한 가지, 썩은 물질의 가지를 잘라내시는구나! 깨끗하게 하시려고! 더 많은 열매를 맺게 하시려는 거구나.'

그러면서 재정을 넘어 내 삶이 해석되었다. 그전까지는 '하나님, 제게 왜 이런 어려움을 주십니까? 왜 이런 생각지도 못한 일이 일어났습니까? 제가 잘못한 게 아니지 않습니까?'라고 반응 했는데 이제 말씀으로 내 삶이 해석되자 '감사합니다. 저를 깨끗하게 해서 더 좋은 열매를 맺게 하시려고 가지치기를 하신 거군요. 그 가지는 저한테 해(害)가 되는 거였군요'라고 고백하게 되었다.

가지치기의 아픔을 인내하고 감사하라

지금 재정적으로 어렵다면 어려워진 부분이 어떤 가지인지 한번 생각해보자. 예수님에게 딱 붙어있는 재정의 가지인지 아니면 세상과 붙은 썩은 가지인지. 나무 전체를 살리고 열매를 맺기 위해 그 부분은 잘라내는 것이 맞지 않겠는지.

사실 그 가지 또한 내 가지이므로 잘라내면 아프다. 하나님이 가지치기를 하시는 동안 아픔과 어려움을 겪어야 한다. 그래도 이게 잘려야만 더 좋은 열매를 맺을 수 있기에 지금 힘들고 어렵더라도 좋은 것으로 여기고 감사할 수 있다.

재정뿐만이 아니라 사람의 가지치기도 있다. 다들 각자 많은 사람과 연결되고 관계를 맺으며 사는데 그중에는 하나님과 함께하는 은혜의 가지도 있지만 세상과 연결된 썩은 가지도 있다.

그래서 하나님이 보시기에 좋은 가지가 아니면 사람도 가지치기를 하신다.

때로는 그 잘려 나가는 가지가 내가 너무 좋아하는 사람, 내가 의지하는 사람일 수도 있다. 그런 사람일수록 잘리는 아픔도 크다. 하지만 그런 후에 정말 귀한 인간관계가 새롭게 형성된다. 가지치기가 일어나면 가지가 깨끗해져 좋은 열매가 맺히고, 하나님께 아름답게 쓰임 받게 된다.

일이 계획대로 안 되고, 끊을 수 없는 갈급함과 중독으로 괴롭고, 사람과 물질이 떨어져 나가는 아픔으로 힘들더라도 그것이 '이상한 일'이 아니라는 것, 아니 오히려 당신은 하나님에게 쓰임 받고 있고, 하나님이 당신을 주목하고 계신다는 것을 이제 아셨을 것이다.

이 장을 읽고 있는 당신도 내가 받은 은혜를 지금 같이 받고 있으리라고 믿는다. 하나님이 당신을 정말 사랑하신다. 내가 드린 이 말씀들을 통해 당신의 삶이 해석되어 새 힘 얻으시기를 간절히 바란다.

남도 모르고 정작 자신도 모르는, 하나님이 쓰시는 사람

1. 계획대로 안 된다. 내 계획은 그렇게 좋지 않고 내 계산은 맞지 않기 때문이다. 그러니 하나님이 나를 내 계획대로 움직이지 않고 감동을 자꾸 주셔서 '이상하다. 이건 아닌데…' 하면서 감동을 따라가는데 그게 맞는 것이다.

2. 목마름이 계속 일어난다. 중독의 모습은 바로 하나님을 향한 갈망의 모습이다. 갈급함이 채워지지 않아서 그것을 채우려다가 중독된 것이다. 그 공허함과 갈급함은 예수님에게 가면 없어진다.

3. 삶에 가지치기가 일어나서 자꾸 물질이 막히고 사람이 떨어져 나간다. 그런데 이것이 결국 나를 건강하게 만들고 더 좋은 열매를 맺게 한다.

편안한 말씀식당

초판 1쇄 발행	2023년 12월 5일
지은이	장일석
펴낸이	여진구
책임편집	최현수
편집	이영주 박소영 안수경 김도연 김아진 정아혜
책임디자인	이하은 마영애 | 노지현 조은혜
홍보 · 외서	진효지
마케팅	김상순 강성민
제작	조영석 허병용
마케팅지원	최영배 정나영
경영지원	김혜경 김경희 이지수

303비전성경암송학교 유니게 과정
이슬비전도학교 / 303비전성경암송학교 / 303비전꿈나무장학회

펴낸곳   규장

주소 06770 서울시 서초구 매헌로 16길 20(양재2동) 규장선교센터
전화 02)578-0003 팩스 02)578-7332
이메일 kyujang0691@gmail.com
페이스북 facebook.com/kyujangbook
카카오스토리 story.kakao.com/kyujangbook
등록일 1978.8.14. 제1-22

홈페이지 www.kyujang.com
인스타그램 instagram.com/kyujang_com

ⓒ 저자와의 협약 아래 인지는 생략되었습니다.
이 출판물은 저작권법에 의해 보호를 받는 저작물이므로 무단 전재와 무단 복제를 할 수 없습니다.

책값 뒤표지에 있습니다.
ISBN 979-11-6504-483-1 03230

규 | 장 | 수 | 칙

1. 기도로 기획하고 기도로 제작한다.
2. 오직 그리스도의 성품을 사모하는 독자가 원하고 필요로 하는 책만을 출판한다.
3. 한 활자 한 문장에 온 정성을 쏟는다.
4. 성실과 정확을 생명으로 삼고 일한다.
5. 긍정적이며 적극적인 신앙과 신행일치에의 안내자의 사명을 다한다.
6. 충고와 조언을 항상 감사로 경청한다.
7. 지상목표는 문서선교에 있다.

하나님을 사랑하는 자 곧 그의 뜻대로 부르심을 입은 자들에게는 모든 것이 合力하여 善을 이루느니라(롬 8:28)

규장은 문서를 통해 복음전파와 신앙교육에 주력하는 국제적 출판사들의
협의체인 복음주의출판협회(E.C.P.A:Evangelical Christian Publishers
Association)의 출판정신에 동참하는 회원(Associate Member)입니다.